Gordon Streisand

111 Orte
in Miami und
auf den Keys,
die man gesehen
haben muss

emons:

Bibliografische Information der Deutschen Nationalbibliothek
Die Deutsche Nationalbibliothek verzeichnet diese Publikation
in der Deutschen Nationalbibliografie; detaillierte bibliografische
Daten sind im Internet über http://dnb.d-nb.de abrufbar.

Deutsche Fassung: Monika Elisa Schurr
Layout: Eva Kraskes, nach einem Konzept
von Lübbeke | Naumann | Thoben
Kartografie: altancicek.design, www.altancicek.de
Kartenbasisinformationen aus Openstreetmap
Printed in Germany 2016
ISBN 978-3-95451-846-3

Unser Newsletter informiert Sie
regelmäßig über Neues von emons:
Kostenlos bestellen unter
www.emons-verlag.de

Vorwort

In einer Stadt, in der nicht sonderlich viele Menschen tief verwurzelt sind, bin ich glücklich, sagen zu können, dass meine Familie seit 1950 hier beheimatet ist – als nämlich mein Urgroßvater mit seiner Familie von Pittsburgh in eine verschlafene Strandstadt in Florida zog, die »sun«, »fun« und tolle Landschaften bot. Ich selbst bin nördlich von Miami aufgewachsen und habe die Stadt zu meinem Tummelplatz erklärt, sobald ich eben tummeln konnte.

Schon meine Großmutter zeigte mir den Venetian Pool in Coral Gables. Oft nahm mich meine Mutter zum »Parrot Jungle« (heute Pinecrest Gardens) mit, wo sie arbeitete und schließlich auch heiratete. Mein Vater eröffnete mir auf seinem alten Hobie Cat die Pracht der Biscayne Bay und kippte den Katamaran zuweilen, um die Spritztour abenteuerlicher zu gestalten. Noch immer durchstöbern meine Freunde und ich die Platten bei Sweat Records, bevor wir uns zu einem Spiel der Marlins aufmachen – nicht ohne uns zuvor bei deren Clevelander einen oder drei Drinks gegönnt zu haben.

Die Reisen nach Miami und auf die Keys waren ein einziges Abenteuer – Pilgerfahrt und Heimkehr zugleich. Ob ich nun durch das schrillbunte Bacardi Building stolperte oder Flashbacks mich in meine Kinderzeit an den Stränden von Crandon Park zurückversetzten: Immer wurde ich daran erinnert, wie Miami sich über die letzten Jahrzehnte sowohl treu geblieben ist als auch dramatische Wandel durchlebt hat. Jede Woche schießen eine Handvoll neuer Wolkenkratzer aus dem Boden. Einst waren die Keys eine von Fischern bewohnte Inselgruppe. Heute säumen Villen der Multimillionäre die Ufer von Key Largo und Key West.

Inmitten von Alt und Neu verbergen sich ungezählte Schätze – Orte voller Geschichten, die Miamis wahres Wesen, seinen Witz und vor allem seinen Mumm enthüllen. Ich hoffe, Sie werden ebenso viel Freude daran haben, sie zu besuchen, wie ich es genossen habe, sie für Sie aus dem Mainstream zu sieben.

111 Orte

1 Die African Queen

Eine Diva takelt nicht ab

Einer der Schätze der amerikanischen Kinogeschichte liegt ange-
dockt in den Kanälen von Key Largo. Im Schatten eines Holiday
Inns, wenige Schritte unterhalb des Parkplatzes seitlich der US 1,
dümpelt träge die hölzerne »African Queen« an zwei Holzpfosten
vertäut – jenes dürftige Boot, das Humphrey Bogart und Katharine
Hepburn durch die blutegelverseuchten Wasserläufe Deutsch-Ost-
afrikas steuerten. Außer einem kleinen braunen Schild an der Haupt-
straße und einem freundlich grüßenden Mann am Dock erwarten
Sie hier keine Fanfarenstöße.

Anders als die meisten Filme der Zeit wurde »African Queen«
nicht vor der gemalten Hintergrundkulisse eines Hollywoodstudios
gedreht, sondern ganz lebensecht in Belgisch-Kongo – 1951 ein so
genialer wie rarer Kraftakt. Ebenfalls Seltenheitswert hatte der Um-
stand, dass bei dieser Produktion sogar der gefeierte Filmkritiker und
Autor James Agee am Drehbuch mitwirkte, um den Höhepunkt der
Handlung auf Hochglanz zu polieren, wofür Bogart dann auch seinen einzigen Oscar gewann und Marlon Brandos Kult-Performance
in »Endstation Sehnsucht« auf die Ränge verwies.

Das Boot selbst wurde im England der Jahrhundertwende für
die East Africa British Railways Company gebaut, um Fracht und
Missionare zwischen dem Victoria-Nil und dem Albertsee an der
Grenze von Uganda und Belgisch-Kongo umherzuschiffen. Nach
seinem furiosen Leinwanddebüt 1951 verblieb es bis 1968 in Afrika
und wurde schließlich in die USA verbracht, um an der Westküste
und in Florida im Charterbetrieb eingesetzt zu werden. 1982 entdeckte Anwalt und Filmcrack Jim Hendricks das berühmte Boot, das
auf einer Viehweide nahe Gainesville vor sich hin rottete, erwarb es
für 65.000 Dollar und machte es wieder seetauglich. Heute fährt die
runderneuerte Filmdiva alle zwei Stunden aus dem Zentrum Key
Largos hinaus auf den Atlantik und retour, um Fans des Golden Age
einen Traum zu erfüllen.

Adresse 99701 Overseas Highway, Key Largo, 33037 FL, Tel. +1 305.451.8080, www.africanqueenflkeys.com | **Öffnungszeiten** täglich 9–20 Uhr | **Tipp** Besuchen Sie den Caribbean Club (104080 Overseas Highway), der die Inspiration zu einem weiteren berühmten Klassiker abgab, »Gangster in Key Largo«. Die Fassade des Clubs ist in diesem Streifen mit Humphrey Bogart und Lauren Bacall zu sehen.

2 Alabama Jack's

Keys-Muscheln

Mitten im brackigen Sumpfland, von dem der Everglades-Nationalpark seine Salzprisen bezieht, verläuft die Card Sound Road, eine zweispurige Durchgangsstraße, die von Florida City zum Nordende von Key Largo führt. Nur versierte Reisende oder Google-Maps-Virtuosen nehmen diese schmale, malerische Strecke abseits der US 1. Die Landschaft allein lohnt den Trip, es wartet jedoch noch eine weitere Überraschung. Auf halbem Weg zwischen dem Festland und Key Largo nämlich serviert zwischen Mangroveninseln Alabama Jack's »Downtown Card Sound's« köstlichste Happen seit den frühen 1950ern.

Kurz vor der Brücke nach North Key Largo heißt eine Roadside-Bar mit Kolonnen von davor geparkten Harleys alles Volk willkommen, das es herspült. Biker, Einheimische, Familien oder Abenteurer zieht es zu diesem Open-Air-Vorposten der Zivilisation, komplett mit Holzböden, Metalltischen und Plastikbesteck. An der Südseite, wo des Tags kleine Fischerboote vorbeituckern, spiegelt sich in den trüben Wassern die Sonne. Doch Obacht: Da die Bar inmitten ihrer Brutgebiete liegt, könnte sich hier ein Alligator oder ein Krokodil blicken lassen.

Verbeulte alte Nummernschilder schmücken die Balken, die sich durch die Decke bis zur Bar und weiter bis in die Küche hinein ziehen, in der die besten frittierten Muscheln des Bundesstaates erst ins Fettbad und dann auf den Teller kommen. Nehmen Sie Platz, während die Jimmy-Buffett-Coverband ihre Version von »Margaritaville« vor sich hin rockt, und verputzen Sie das fluffig goldbraun geröstete Meeresgetier zu Tartar- und Cocktailsauce, garniert mit einer frischen Limettenscheibe. Paprika, Zwiebeln und Old-Bay-Gewürz bringen Leben in Muscheln und Teig, statt ihren Eigengeschmack zu überwürzen, wie es in Fischbratereien sonst oft üblich ist. Spülen Sie mit einem eiskalten Schluck des Hausbieres nach und sehen Sie der Sonne beim Untergehen im Dickicht der County-Grenze zu.

Adresse 58000 Card Sound Road, Homestead, FL 33030, Tel. +1 305.248.8741,
www.alabamajacks.com | Öffnungszeiten täglich 11 – 18.30 Uhr | Tipp Eine weitere
tolle Biker-Höhle ist Scully's Tavern (9809 SW 72nd Street) in Miami. Obwohl Scully's
Alabama Jack's berühmte »fritters« nicht serviert, ist die Atmosphäre vergleichbar und das
Essen auch keinesfalls zu verachten.

3 Das alte Planetarium

Als der Himmel umzog

Das Planetarium von Miami öffnete 1966; beinahe ein halbes Jahrhundert lang lud der goldene Iglu am Nordostrand von Coconut Grove Generationen von Schulkindern dazu ein, nach den Sternen zu greifen. Als die großen Umwälzungen der Sixties und Seventies die Community erfassten, als es um die Legalisierung von Marihuana oder Gay Rights ging, änderte sich vieles, nur das Planetarium blieb standhaft in der Vergangenheit verwurzelt.

Bis in seine letzten Tage nahm es die Besucher mit auf die Reise in den Weltraum, aber auch auf eine Zeitreise; der massive Globus in der Lobby prunkte mit einer Karte des alten Pan-Am-Terminals (gleich die Straße hinunter), auf der Länder wie Siam oder Rhodesien verzeichnet waren. Das Retro-Schild »Planetarium in Betrieb« leuchtete über den hölzernen Doppeltüren wie das »Applaus«-Schild bei Johnny Carsons »Tonight Show«.

Drinnen, im Herzen des Himmelsguckers, stand der Spitz Model B Space Transit Projector, ein rundes, bedrohlich wirkendes Stahlungetüm von einem Sternensimulator, damals technisch das Neueste vom Neuen. Seine Lebenserwartung von 20 Jahren übertraf er bei Weitem. Als derart fortschrittlich erwies sich der Projektor, dass ihn Astronauten nutzten, um einen Flug zum Mond zu simulieren. Die Sternen-Show, die an die Decke geworfen wurde, war himmlisch genug, um einen jeden zum Sci-Fi-Nerd zu machen. Noch kosmischer wurde einem zumute, wenn der Spitz-Projektor sich drehte und auf den Kopf stellte: Das Licht fiel auf seine 5.600 winzigen Löcher, Spiegel und Minilinsen. Es war ein bittersüßer Übergang: Am 30. August 2015 strahlte der Sternengucker ein letztes Mal auf. Danach wurde die Anlage geschlossen, um einem modernen Planetarium im neuen Museum Park Platz zu machen, rechts neben dem Perez Art Museum. Der Projektor ist selbst zum Exponat geworden; 20 Minuten die Straße hoch erinnert die gestirnte Hülle des alten Planetariums noch immer an eine vergangene Ära. Ein Star für sich.

Adresse 3280 South Miami Avenue, Miami, FL 33129, Tel. +1 305.646.4269, www.miamisci.org | **Öffnungszeiten** von außen zu sehen (Veranstaltungstermine auf der Website) | **Tipp** Gönnen Sie sich einen Abstecher zum Green Street Café (3468 Main Highway), in Coconut Grove eine Institution. Das in den 1990er Jahren gegründete Lokal hat moderne europäische Cuisine auf der Karte – von Frühstück bis Dinner.

4 Das alte spanische Kloster

Mittelalterliches Spanien in Miami

Direkt am Intercoastal Waterway, gegenüber einem bescheidenen Wohnkomplex in North Miami Beach, trotzt eine Glaubensfestung der Zeit, die beinahe 800 Jahre älter ist als die Stadt selbst. 1141 im spanischen Sacramenia erbaut, liegt das Kloster heute an einem verschlafenen Abschnitt des Dixie Highway, einen Steinwurf von jenem Ozean entfernt, den es hat überqueren müssen, um hierherzugelangen.

Ein Kiesweg lädt Besucher zu einem Spaziergang jenseits des segovianischen Eisentors ein; überall stehen Palmen, Farne und sonstige tropische Flora üppig im Saft. Die gepflegten geometrischen Gärten wirken wie ein Versailles des armen Mannes; vornehme Grasquadrate wechseln sich mit blühenden Sträuchern ab. Der große Auftritt der Gärten führt schließlich in geräumige romanische Gewölbe unterhalb des Glockenturms – eine Zeitreise.

Daheim in Spanien sind fast 700 Jahre lang Zisterziensermönche die einzigen Bewohner gewesen. Im frühen 19. Jahrhundert dann wurden die Gebäude beschlagnahmt und verkauft. 1925 schließlich erwarb Zeitungsmagnat William Randolph Hearst das Gotteshaus, ließ es Stein für Stein abtragen und in 11.000 heugepolsterten Kisten in die USA verschiffen. Da in Segovia die Maul- und Klauenseuche um sich gegriffen hatte, blieben die Kisten 26 Jahre in Quarantäne, bis Hearst die entwurzelten Steine an zwei Geschäftsleute aus Ohio versteigerte. Die entschieden, die Abtei nach langer Irrfahrt in Miami wiederaufzubauen, was bis 1964 dauerte.

Angenehme Stille geht vom Hof, den hängenden Früchten des Leberwurstbaumes und den Original-Kreuzgängen aus. Kleine Buntglasfenster mit in violette, gelbe, rote und blaue Mosaike eingelegten Goldkreuzen schimmern über einem Dunkel, das flackernde Novenen-Kerzen zu Füßen einer 1,30 Meter hohen Christusstatue erhellen. Gönnen Sie sich einen Tag Frieden zwischen den Geistern einstiger Ordensbrüder und ihren Steinen, die endlich Ruhe fanden.

Adresse 16711 W Dixie Highway, North Miami Beach, FL 33160, Tel. +1 305.945.1461, www.spanishmonastery.com | **Öffnungszeiten** Mo–Sa 10–16.30 Uhr, So 11–16.30 Uhr; es empfiehlt sich ein vorheriger Anruf im Fall unvorhergesehener Schließzeiten | **Tipp** Obwohl die Ancient Spanish Monastery aus dem 12. Jahrhundert stammt, befindet sie sich erst seit den 1960ern in Miami. Die älteste Kirche der Stadt ist die sehenswerte Gesu Church (118 NE 2nd Street, Miami) aus dem Jahr 1896.

5_ Das Amertec Building

Alien aus Spritzbeton

1967 wurde Architekt Chayo Frank von seinem Vater beauftragt, ein Gebäude für seine Tischler- und Ladenbaufirma zu entwerfen. Ergebnis war ein Komplex organisch geformter Baustrukturen, die irgendwo zwischen den imaginären Welten von Dr. Seuss und Jules Verne angesiedelt waren. Ob nun – je nach Geschmack und Blickwinkel – Schandfleck oder Meisterwerk: Das alte Haus wurde zu einem unbeabsichtigten Symbol sowohl für den Überlebenskampf der Armen Miamis als auch für die Neigung der Stadt zu Innovation und künstlerischem Wagemut.

Ermöglicht durch die Verwendung von Spritzbeton, explodierte Franks Vision von Röhren, Kurven und Hohlräumen zu einer Orgie aus Konturen, Couleur und Konsistenz, die man noch immer an einer Industriestraße in Hialeah besichtigen kann. Am treffendsten ist der architektonische Alien als schöne Schweinerei umschrieben: ein knallorangefarbener Mollusk, garniert mit einem Streifen Bacon, bildet die Vorderansicht an der Südostecke, die optisch an einen verknäulten Entlüftungsschlauch mit einem Pilzhut erinnert.

Mit einer der höchsten Kriminalitätsraten der USA ist Hialeah das, was man einen sozialen Brennpunkt nennt. Mit der Gegend verwahrloste auch Franks lustvolle Bausünde, die einst in perlmuttschimmernde Orange- und Blautöne gehüllt war (um die Fassade laut Frank »lebensechter« aussehen zu lassen) und nach dem Verkauf von Amertec-Granada Inc. im Jahr 2002 vollständig weiß gestrichen wurde. Eine kalzifizierte Mumie – leer und verlassen – war alles, was vom amorphen Blob in W 21st Street blieb. Bis eine Rohkostfirma ihn übernahm, neu anstrich und seither als Lagerhalle nutzt.

Zwischen verblassten Fassaden anderer Lagergebäude ergeben die grünen Röhren, orangenen Spiralen und beigefarbenen Kuppeln heute genauso wenig Sinn wie damals, als das Weichtier errichtet wurde – nicht nur in den Straßen von Hialeah unterhalb der Metrorail, sondern überhaupt auf dem Planeten Erde.

Adresse 149 W 21 Street, Hialeah, FL 33010 | **Tipp** Besuchen Sie den im Werden begriffenen Leah Arts District in Hialeah (von E 9th Street bis E 17th Street und E 10th Avenue bis zu den Eisenbahnschienen). Wie ihr Gegenstück in Wynwood zeichnet sich die Gegend durch Lagerhallenfassaden mit Graffiti aus.

6 Anne's Beach

Floridas schönster Rastplatz

So schön die Landschaft ist: Eine Autotour durch die Welt der Keys kann monoton ausfallen. Während der rund 160 Kilometer langen Fahrt die US 1 hinunter von Key Largo nach Key West verschwimmen Souvenirläden, Geschäftsfassaden und Motels zu einem einzigen eintönigen Bild. Falls Sie nicht auch noch ein Stau heimsucht. Doch halb so schlimm: Wer stecken bleibt, dessen Wagen rollt im Schritttempo über einige der naturbelassensten Gewässer der USA. Überall sprießen unterhalb der Wasseroberfläche Mangroveninseln hervor, und die Versuchung, vom Sitz zu springen und in knietiefem, kristallklarem Wasser zu ihnen hinzuwaten, wird beinahe übermächtig. Glücklicherweise wartet auf der Ostseite des Overseas Highway bei Markierung 73.5 ein Parkplatz, der Ihnen genau das ermöglicht. Ein malerischer Sandstrand an der Südspitze von Lower Matecumbe Key lädt ein, alle Hemmungen fallen zu lassen.

Benannt ist der paradiesische Flecken nach Anne Eaton, einer Umweltschützerin, die sich der Erhaltung dieses subtropischen Himmelsabschnitts in Islamorada verschrieb – obwohl Polio sie an den Rollstuhl gefesselt hatte, als sie 24 Jahre alt war. Anne's Beach mit Pavillons und Strandpromenade bietet unvergleichliche Ausblicke. Heute reicht die Ausdehnung endlosen blauen Wassers bis jenseits des Horizonts. Selbst bei Flut kann man über 100 Meter ins Wasser hineinwaten, bis es beinahe zu den Oberschenkeln reicht. Bei Ebbe kriechen die Sandkrabben aus ihren Erdhöhlen und huschen zwischen den Gezeitentümpeln umher; riesige Muschelfelder liegen nackt unter der Sonne. Einer der besten Orte der Keys, um Strandgut zu sammeln.

Zapfsäulen werden Sie an diesem Rastplatz vergeblich suchen, dafür jedoch lassen sich hier Körper und Seele auftanken – ganz wie es in Eatons Sinne war. Parken Sie, hüpfen Sie aus den Schuhen und sprinten Sie ins warme Flachwasser – genau jenes, das Sie schon seit 80 Kilometern lockt.

Adresse Mile Marker 73.5, Lower Matecumbe, Islamorada, FL 33036, Tel. +1 305.664.6400 | **Tipp** Wer gemächlich nach Key West runterfährt, sei auf die vielen interessanten Stopps entlang der Straße hingewiesen. The Turtle Hospital (2396 Overseas Highway) bietet eine anrührende Gelegenheit, verletzten und wieder aufgepäppelten Meeresschildkröten zu begegnen und eine Menge über sie zu lernen.

7 Das Area 31

Happy Hour mit Aussicht

Um fünf herum, nach getaner Arbeit, bringen Bier zum halben Preis und »Buy one, get one free«-Deals jede Kneipe von Miami-Dade County zum Überschäumen. Die glücklichste aller Happy Hours jedoch werden Sie 15 Stockwerke über dem Suff-Gerangel in der Bar des Epic Hotels durchleben: im Area 31.

Die futuristische Bar, deren Flaschen vor einer illuminierten Glaswand glimmern, heißt Sie mit ihren schnittigen weißen Ledersitzen und minimalistischen Holztischen willkommen, Chef-Bartender Dean Feddaoui und sein Team kredenzen den Gästen einige der besten Cocktails in Downtown, darunter moderne Interpretationen traditioneller Klassiker wie etwa der Royal Collins mit Açai-Likör, Florida-Honig, Zitrone, Eiweiß, Lavendel-Bitter und Tonic. Draufgänger probieren eine von Feddaouis abgefahreneren Kreationen wie Simple Truth mit Wild Turkey Rye, Luxardo Maraschino, Aztec Chocolate Bitter und Zitronenschale.

Der wahre Magnet jedoch ist der dramatische Panoramablick von der Terrasse. Seiner erhöhten Lage gemäß beherrscht man hier den Spagat zwischen High-Society-Gehabe und geerdeteren Befindlichkeiten perfekt. Unter den aufragenden Wolkenkratzern des »ritzigen« Downtown, mit dem gigantischen Ring zwischen den Türmen von 500 Brickell, chillt hier ein gemischtes Publikum aus Touristen und Locals.

Die Happy-Hour-Preise sind so herausragend wie die Location. Zwischen 17 und 20 Uhr wochentags und 17 Uhr und Mitternacht freitags gehen in einem der teuersten Viertel Miamis die Cocktails sündig billig weg: Luxus-Wässerchen, Hauswein, Bier und Champagner alle für nur sieben Dollar. Eine Sieben-Dollar-Karte gibt es ebenso: Fingerfood wie Ceviche Tostada oder getrüffelte Pommes frites. Während die Sonne sinkt, lebt »Miami Vice« auf der Terrasse wieder auf: Männer mit Fliegerbrillen und lose hängenden Hemden; Frauen im kleinen Schwarzen. So steif die Drinks auch sein mögen: Miamis erleuchtete Skyline ist der perfekte Anmacher.

Adresse Epic Hotel, 70 Biscayne Boulevard Way, 16th Floor, Miami, FL 33131, Tel. +1 305.424.5234, www.area31restaurant.com | **Öffnungszeiten** Happy Hour: Mo–Do 17–20 Uhr, Fr 17–0 Uhr | **Tipp** Ein weiteres Restaurant mit famoser Aussicht ist Tuyo (415 NE 2nd Avenue), ebenfalls in Downtown. Tuyo ist dem Miami-Dade College Culinary Institute angegliedert und kombiniert gehobene amerikanische Küche mit einem unglaublichen Blick auf den Freedom Tower.

8 Das Atlantis Condominium

Stichwort »Miami Vice«

In den 1980ern, als der Drogenhandel so richtig blühte, führte die Crime-Soap »Miami Vice« der ganzen Welt vor, was aus der verschlafenen Strandstadt geworden war: Fünf Staffeln lang ermittelten Crockett and Tubbs in schäbigen Straßen und undurchsichtigen Gewässern. Im Vorspann prunkte stets ein vogeliger Großbau, der heute in der Betonwüste Brickell Avenue untergeht.

Das 1982 errichtete Gebäude verkörpert den Baustil der Unschuldsjahre Miamis. Wie ein pubertierender Teenager durchlitt die Stadt im späteren 20. Jahrhundert eine Phase der Wachstumsschmerzen. Mit tiefergelegter Stimme und imposanterer Statur gingen dramatische Stimmungsschwankungen und depressive Episoden einher. Die Drogengewalt griff um sich; Schießereien in Einkaufszentren und aus fahrenden Wagen heraus beherrschten beinahe täglich die lokalen Schlagzeilen. Massen von kubanischen Flüchtlingen – Strafgefangene unter Fidel Castro – überfluteten die Behelfsunterkünfte unterhalb der Highways. Die Alteingesessenen flohen zur Küste und ließen eine verloren geglaubte Stadt zurück.

Trotz allem Ungemach, das Miami aufzufressen drohte, biss sich jedoch auch der Ehrgeiz durch, eine bessere Zukunft zu schaffen – zumindest ästhetisch. Als »Miami Vice« die Einschaltquoten am festesten im Griff hatte, war die Stadt zu einer hübschen Fassade ohne moralische Fundamente verkommen. Hochhäuser, viele mit schmutzigem Geld gebaut, schossen überall wie Pilze aus dem Boden. Zwar gelang der Firma Arquitectonica eine relative Mäßigung, doch noch immer dominieren fast 30 Protzbauten die zerklüftete Skyline vom Festland bis Miami Beach.

»Miami Vice« zeigt den farblosen Giganten mit einem quadratischen Palmenhof im hohlen Bauch nebst kultiger roter Wendeltreppe, die ihn durchbohrt wie ein fehlgeleiteter Korkenzieher. Über 30 Jahre später strahlt das ehrenwerte Haus noch immer so aalglatt und offenhemdig wie einst Don Johnson.

Adresse 2025 Brickell Avenue, Miami, FL 33129 | **Tipp** Wer hier ein wenig herumfährt, hat einen schönen Blick auf die alten Häuser auf der Nordseite von Brickell bei Atlantis Condominium. Viele wurden auf Korallenriffen erbaut – eine Erinnerung daran, dass die Gewässer von Biscayne Bay einst viel weiter landeinwärts reichten.

9 Bahia Honda

Schlaf bei den Fischen

In Florida ist Camping eine schwüle, moskitolastige Angelegenheit. Windlose 27-Grad-Nächte, von den Zitronenölkerzen nur noch weiter aufgeheizt, erwarten den South-Florida-Camper die meiste Zeit des Jahres. Viele der Campingplätze innerhalb der Stadtausdehnung liegen in Hörweite der Durchgangsstraßen; daher ist Abgeschiedenheit selbst für diejenigen ein ehrgeiziges Ziel, die ihre Zelte in der »Wildnis« aufgeschlagen haben. Die gute Nachricht: Nur eine Stunde von Key West erwartet Sie ein wunderschöner und wirklich abgelegener Camping Spot – in Bahia Honda.

Nahezu die gesamte Küstenlinie South Floridas – von Palm Beach bis Miami – ist zugebaut mit Eigentumswohnungen, Villen, Hotels und Restaurants. Zwar gibt es einige Parks, aber auch die sind voll mit Menschen. Die durchschnittliche Grünfläche besteht aus Picknickpavillons, einem herrenlosen Grill, zerwehten Dünen und einem Strand, der viele Male ausgebaggert wurde. Ganz anders Bahia Honda, der Smaragd der Keys: Nicht nur ist dies einer der wenigen naturbelassenen Strände der Region, sondern man kann dort sogar übernachten – ein ebenso rarer Vorzug.

Auf Outdoors-Cracks wartet ein traditioneller Campingplatz, an dem sich für mehrere Tage perfekt das Zelt errichten lässt. Für weniger als 200 Dollar pro Nacht können Sie den Wagen gar in den Carport fahren und in Ihrem eigenen Beach House residieren, komplett mit Klimaanlage, Warmwasser, Schlafzimmern (mit Betten!) und Bädern (mit Toiletten!). Von dieser komfortablen Homebase aus lassen sich die unberührten Strände, die reiche Flora und Fauna erkunden. Wer Glück hat, erhascht gar einen Blick auf den prächtigen Miami Blue Butterfly.

Der einzige Wermutstropfen in ansonsten kristallklarer See: Die Nachfrage ist so groß, dass die Strandhäuser zumeist ein Jahr im Voraus ausgebucht sind. Auch das Paradies verlangt eben manchmal ein wenig vorausschauende Planung.

Adresse 36850 Overseas Highway, Big Pine Key, FL 33043, Tel. +1 305.872.3210, www.bahiahondapark.com | **Öffnungszeiten** täglich 8 Uhr−Sonnenuntergang | **Tipp** 40 Minuten westlich des Parks, auf Big Pine Key, finden Sie eine ungewöhnliche Kneipe, die von Einheimischen wie Touristen gleichermaßen frequentiert wird. Von außen sieht No Name Pub (30813 Watson Boulevard) wie eine Standardbar aus, das Innere ist jedoch komplett in Dollarnoten gehüllt, die entweder auf die Wände geklebt sind oder von ihnen und den Decken herabhängen.

10_Das Bay of Pigs Museum

Tragödie in der Schweinebucht

Nahezu alle kubanischen Einwohner Miamis kamen nach Florida, als Diktator Fidel Castro, der 1959 die Macht ergriffen hatte, sie des Landes verwies. Die Wohlhabenden waren zuerst dran; ihre Habe war konfisziert und ihre Verwandten ins Gefängnis geworfen worden. 1960 dann formierte sich die Brigada Asalto 2506, eine Gruppe von Exilkubanern in Miami, die Castro mit Hilfe der CIA stürzen wollten. Einen Block südlich der Calle Ocho in Little Havana, in der Ninth Street, lebt die Legende der »Brigada« noch heute fort.

Die Soldaten, aus denen der Trupp bestand, waren keine top ausgebildeten Spezialeinheiten, stellten jedoch einen repräsentativen Querschnitt durch die kubanische Bevölkerung dar: Farmer, Priester, Ärzte, Anwälte, sogar Deserteure von Castros Revolutionsarmee. Zusammen planten sie den Staatsstreich. Castros grausames Unterdrückungsregime sollte fallen.

Nach neun Monaten Training hieß es für die 430 Männer: »Go!« Von Guatemala aus landete die Brigade am 17. April 1961 an den Ufern von Playa Giron in der Bay of Pigs (»Schweinebucht«). Ziel des Coup d'État war es, die kubanischen Milizen mittels Bodentruppen und Luftschlägen außer Gefecht zu setzen. Nach der Landung sollte die CIA für Unterstützung aus der Luft sorgen, aber Präsident Kennedy gab das letzte Okay nicht und überließ die kleine Truppe, die den Strand stürmte, dem Verderben. Das außenpolitische Desaster für die USA endete für die Brigade 2506 in einer Tragödie.

Im Bay of Pigs Museum sind die Wände vom Boden bis zur Decke mit Gedenkfotografien der einzelnen Soldaten bedeckt, deren überwältigende Mehrheit in dieser aussichtslosen Schlacht zumeist ihr Leben ließ oder gefangen genommen wurde. Eingerichtet wurde das Museum 2005 von einigen der Überlebenden als eine Hommage an den tapferen Versuch, Kuba zurückzuerobern. Getreu dem offiziellen Motto der Brigade: »Wir werden unsere Heimat niemals aufgeben!«

ANTONINO DIAZ POU
11 Diciembre 1934 • 6 Diciembre 1961

Joven de vida ejemplar, estudioso y trabajador que
ofrendó su vida por el ideal de una patria justa, próspera y solidaria
para todos los cubanos, sin distinción de raza, género o creencias.
Las generaciones futuras de sus compatriotas deben conocer su vida para
forjar una sociedad en la que el respeto a la opinión ajena prevalezca
sobre el odio y la intolerancia que tanto sufrimiento han traído a
la nación cubana.

Adresse 1821 SW 9th Street, Miami, FL 33135, Tel. +1 305.649.4719,
www.bayofpigs2506.com | **Öffnungszeiten** Mo – Fr 9 – 16 Uhr, Sa 10 – 16 Uhr | **Tipp**
Besuchen Sie das Bay of Pigs Monument in der Calle Ocho an der Kreuzung der
südwestlichen 8th Street mit der südwestlichen 13th Avenue. Die Ewige Flamme
brennt auf einer schwarzen Granitsäule und ist den Toten der Schlacht gewidmet.

11 Betsy, der Riesenhummer

Stünde sie nur auf der Karte ...

An der Kreuzung von Overseas Highway und Gimpy Gulch Drive, nahe Markierung 87, erinnert Sie ein neun Meter hohes und zwölf Meter langes, anatomisch korrektes Krustentier unmissverständlich daran, dass Sie sich auf den Florida Keys befinden.

Ersonnen wurde der Mega-Hummer in den 1980ern von Bildhauer Richard Blaze aus Marathon, der ihn fünf Jahre lang perfektionierte, bis der Auftraggeber vor der Vollendung pleiteging. Schnell jedoch fand das hartschalige Waisenkind in Tom Vellanti einen Adoptivvater, der es für Treasure Village, ein Shopping Center und Wahrzeichen des alten Islamorada, erwarb. Als dieses 2006 zur Montessorischule wurde, stand Betsy schon wieder allein da. Man nahm sie auseinander und stellte sie auf ebay, in der Hoffnung, dass sie weggehen möge. Aber es fand sich niemand. 2009 schließlich kauften sie die Inhaber von Rain Barrel, einer Künstlercommunity, und setzten sie erneut in Szene, um Passanten zu grüßen.

Seit 2009 nun hat der Seekrebs eine feste Bleibe gefunden, direkt gegenüber dem ehemaligen Treasure Village. Doch Obacht! Betsys peitschenähnliche Fühler und stachelige Beine vermögen jenen den Schrecken ihres Lebens einzujagen, die nicht auf sie gefasst sind – die Details kommen einfach zu lebensecht rüber. Der Panzer – mit komplexen Mustern in Rot-, Braun- und Weißtönen – glänzt unter der gleißenden Sonne der Keys, und besagte Fühler erstrecken sich fast zehn Meter von den ruhigen schwarzen Augen bis zum prächtigen Fächerschwanz.

Auch gut zu wissen: Die Hummer auf den Keys sind kleiner und weniger saftig als ihre berühmten Verwandten im Norden, und man bekommt sie nur zu manchen Jahreszeiten. Wer noch nie zur Lobster Season in Florida gewesen ist, sollte unbedingt zugreifen. Autofahrer können sich während der »spiny lobster season« vom 6. August bis zum 31. März oder während der »mini season« am letzten Mittwoch und Donnerstag im Juli ihr Nobel-Dinner direkt aus dem Meer sammeln.

Adresse 86700 Overseas Highway, Islamorada, FL 33036, Tel. +1 305.852.3084 | **Tipp** Fahren Sie auf dem Overseas Highway bis zum südlichen Ende von Islamorada und schauen Sie bei Bud N' Mary's Marina (79851 Overseas Highway) vorbei. Seit 1944 ist der Yachthafen Treffpunkt von Sportfischern auf den Keys. Chartern Sie ein Boot und erleben Sie das unglaubliche Abenteuer aus erster Hand!

12 __ Die Big Cypress Gallery
Der Ansel Adams der Everglades

Direkt am alten Tamiami Trail in Collier County liegt ein betagtes Holzhäuschen mit flatternden Fahnen am Eingang. Drinnen hängen kristallklare Schwarz-Weiß-Fotografien an den Wänden, viele von ihnen zu bald zwei Metern in Höhe oder Breite vergrößert; sie porträtieren die so wilden wie zauberhaften Everglades. Clyde Butcher ist es gewesen, der sich die Nische sicherte, als erster Fotograf Floridas Naturwunder in Szene zu setzen. Knapp 100 Kilometer westlich von Downtown Miami liegt Butchers Galerie genau dort, wo Fuchs und Hase sich Gute Nacht sagen.

Der Funke sprang auf Butcher über, als er in den 1960ern eine Ausstellung von Ansel Adams im Yellowstone-Nationalpark besuchte. So beeindruckt war er von Adams' Geschick, Landschaften in Schwarz-Weiß einzufangen, dass er sich selbst daran versuchen wollte. Der Erfolg blieb nicht aus; in den folgenden Jahren errichtete er ein millionenschweres Lichtbild-Imperium und verkaufte seine Arbeiten an große Warenhäuser wie J.C. Penney and Sears. Schließlich wurde ihm die Last eines Unternehmens mit mehr als 200 Mitarbeitern doch zu viel, 1977 stieß er es ab, kaufte sich ein Segelboot, brachte es nach Florida und schlug das nächste Kapitel auf.

Als 1986 tragischerweise ein Betrunkener seinen Sohn überfuhr, zog er sich in die Wildnis des Big Cypress National Preserve zurück, um Trost zu finden. Dort schließlich entdeckte er ein riesiges Stück Land von unberührter Schönheit. 600.000 Hektar Sauergras-Prärie, Sümpfe, Nadel- und Regenwald bedecken den mittleren Teil von Floridas Südhälfte. Louisianamoos hängt von steinalten Eichen, Farne wachsen auf umgestürzten Baumriesen, die in Tümpeln treiben. Rohrkolbengewächse sprießen im über zehn Kilometer breiten »river of grass«, während gelegentlich Alligatoren die Schnauze aus dem Wasser heben, Clyde Butcher immer am Auslöser. Vielleicht auch Sie?

Adresse 52388 Tamiami Trail E, Ochopee, FL 34141, Tel. +1 239.695.2428, www.clydebutchersbigcypressgallery.com | **Öffnungszeiten** täglich 10–17 Uhr | **Tipp** Besuchen Sie auch Butchers andere Galerie und Dunkelkammer in Venice (237 Warfield Avenue), gut zwei Stunden nordwestlich der Big Cypress Gallery gelegen.

13_ Der Bill Baggs Cape Florida State Park

Stille in der Stadt

Weltklassestrände – das definiert Florida mehr als alles andere. Während der 1940er und 1950er Jahre zog die Schönheit der sauberen, warmen Gewässer und unberührten Strände die Menschen in Scharen hierher. In den Achtzigern hießen sie die Einwanderer aus Lateinamerika ebenso willkommen, wie einst die Freiheitsstatue europäische Immigranten um die vorletzte Jahrhundertwende willkommen geheißen hatte. Heute relaxen hier Touristen, und auch die Einheimischen erholen sich vom Alltag. Von der Dammstraße Rickenbacker Causeway über Virginia Key hinweg und den Crandon Boulevard hinab liegt an der Südspitze von Key Biscayne der Bill Baggs State Park.

Nur 20 Minuten von Downtown entfernt, scheint der Park einer völlig anderen Welt anzugehören als Miamis pulsierendes Stadtzentrum. Auch der menschliche Verkehr hier macht nur einen Bruchteil dessen von South Beach aus. Wenn Ihnen also der Sinn nach friedlicher Idylle steht, gibt es keinen elysischeren Küstenabschnitt als diesen.

Sonnenschirme und Chaiselongues am Ende der Strandpromenade werden Sie vergeblich suchen, es erwartet Sie weicher weißer Sand, der den Weg zum smaragdgrünen Wasser ebnet, das in der Ferne heranrauscht und sich wieder zurückzieht. Büschel von Seegras durchsetzen die Dünen, während üppige grüne Mangroven und Meertrauben die Sandflächen darunter dominieren – in seinen Kontrasten Florida pur. Wer dort früh genug aufschlägt, wird die Sonne aus dem Atlantik auftauchen und am weißen Leuchtturm von Cape Florida vorbeistreichen sehen – dem ältesten Gebäude von Miami-Dade. Wer den ganzen Tag bleibt (nicht so schwer), wird Zeuge, wie die Sonne in der Biscayne Bay im Westen untergeht, von Miamis Skyline getüpfelt.

Alles in allem mehr als ein Bilderbuchstrand: Miami mag durch South Beach, Downtown und PortMiami einatmen. Hier atmet es aus.

Adresse 1200 Crandon Boulevard, Key Biscayne, FL 33149, Tel. +1 305.361.5811, www.floridastateparks.org/capeflorida | **Öffnungszeiten** täglich 8–18 Uhr | **Tipp** Die Straße hinauf finden Sie Oasis (19 Harbor Drive), ein unprätentiöses Restaurant in Key Biscayne, das einfache, aber köstliche kubanische Küche auf der Karte hat.

14_ Black Point Marina

Whirlpool der Seekühe

In den Wintermonaten schwärmen Manatis, die gutmütigen Seekühe South Floridas, in Massen zu den Gewässern des Yachthafens. Bei fallenden Temperaturen versammeln sich die Meeressäuger hier, um sich in den wärmsten Fluten zu suhlen, die sich zu dieser Jahreszeit auftreiben lassen. Biscayne Bay und der Atlantik können mit dem Whirlpool-Komfort des Hafens, den die Seekühe im Winter aufsuchen, um dem Frösteln im Meer zu entkommen, beileibe nicht mithalten.

Die molligen Temperaturen rühren einerseits von den Booten in der Marina her und andererseits vom Abfluss der Wasseraufbereitungsanlage stromaufwärts. Dieser glückliche Zufall bietet den Manatis ideale Bedingungen. Es ist den Yachten sogar verboten, die Gewässer jenseits des Hafens zu befahren, da ihre Schiffsschrauben die sanften Riesen schon häufig verstümmelt oder getötet haben. Sie sind zu träge, um den scharfen Propellerblättern auszuweichen. Wer nah genug an ein Tier herankommt, wird wohl Narben solcher Begegnungen sehen.

Obwohl die Manatis vom Aussterben bedroht sind, sieht man noch viele dieser pflanzenfressenden Halbtonner in den seichten Gewässern von Black Point. Oft halten sich die lethargischen Hafenrobben über eine Stunde an der gleichen Stelle auf, um Sie mit einem hörbaren Prusten auf ihre Anwesenheit hinzuweisen, sobald sie auftauchen. Die relative Isolation vom Schiffsverkehr und Meeresräubern verwandelt den Hafen in eine grandiose Päppelstation für die bedrohte Art und ihren Nachwuchs. Mit ein wenig Glück erhaschen Sie gar einen Blick auf eine Mutter mit Kalb, das die ersten beiden Lebensjahre an ihrer Seite verbringt.

Wie schwimmende Kartoffeln sehen sie aus, während sie in der Ferne auf und ab dümpeln. Kommen sie nah genug ans Ufer heran, rücken ihre Gesichtchen mit den langen Schnurrhaaren ins Blickfeld, während sie sich wohlig die Sonne auf den Rücken scheinen und Sie einen guten Touristen sein lassen.

Adresse 24775 SW 87th Avenue, Homestead, FL 33032, Tel. +1 305.258.4092, www.miamidade.gov/parks/black-point-marina.asp | **Öffnungszeiten** 24 Stunden am Tag | **Tipp** Eine besondere Art von Delikatesse erwartet Sie bei Black Point Ocean Grill, an der Nordostecke des Yachthafens gelegen. Bringen Sie Ihren Tagesfang hier vorbei, und das Küchenteam wird den Fisch für Sie in der gewünschten Weise zubereiten.

15 Der Blick von Watson Island

Eine Stadt erhebt sich

Von der Westseite Watson Islands aus, wo das Wasser des Main Channel am felsigen Ufer leckt, ist Miamis expandierende Skyline aus der schönsten Perspektive zu sehen. Zur Rechten pikst der Freedom Tower wie eine Spritze in den Himmel, in der Abenddämmerung glüht die American Airlines Arena, Heimspielplatz der Baseballmannschaft Miami Heat, in warmem Rot. Tagsüber tänzelt das Spiegelbild der Sonne auf einem der größten Glas- und Betonlabyrinthe der USA. Nachts erklären die erleuchteten Dammstraßen und die Skyline, wie die Magic City zu ihrem Namen kam.

Nach New York und Chicago verfügt Miami über die höchste Anzahl von Wolkenkratzern, die höher sind als 150 Meter. Obwohl es sich nur um die 44stgrößte Stadt der Staaten handelt (Colorado Springs hat mehr Einwohner als Miami!), gehört ihre Skyline zu den kultigsten.

In einer Stadt, in der man sich vor Wundern und Skurrilitäten der Baukunst kaum retten kann, die Architekten von Weltrang wie Herzog & de Meuron, Morris Lapidus oder L. Murray Dixon errichtet haben, wirkt es wie Ironie, dass Miamis höchstes Haus ausgerechnet der unansehnliche Glasklotz des Four Seasons Hotels sein muss. Die zweithöchste und unverwechselbarste Silhouette hat das Southeast Financial Center zu bieten. Der gut 230 Meter hohe Turm wurde während Miamis berüchtigter Kokain-Phase hochgezogen. Unter einem Dach, das den kubischen Pyramiden des alten Videospiels Q*bert ähnelt, traf sich hier in den 1980ern primär alles, was in Sachen Drogengeld Rang und Namen hatte. Seit dem neuen Jahrtausend erlebt Miami einen noch gewaltigeren Bauboom, teils gewissermaßen als Fallout des Drogenhandels. Anders als in New York oder Chicago ist Miamis Skyline relativ jung; die Mehrzahl der Gebäude wurde nach 2000 errichtet. Verlangsamung nicht in Sicht. So hoch sich die Türme recken mögen, so viele Baukräne überbieten sie.

Adresse 1000 MacArthur Causeway, Miami, FL 33132 | **Tipp** Wer tagsüber gerade auf Watson Island weilt, besuche den Parrot Jungle (1111 Parrot Jungle Trail). Obwohl der populäre Zoo von einem ursprünglichen Standort in South Miami hergezogen ist, zeigt er noch immer eine erstaunliche Anzahl Tiere – vom Hellroten Ara bis zum Albino-Alligator.

16 _ Blue Hole

Das blaue Wunder

Landesweit einzigartig ist die Topografie South Floridas, ganz zu schweigen vom Bundesstaat. An Land säumen zwischen Weißgummibäumen mit sich schälender Rinde und der zotteligen Piscidiawurzel Brasilianische Pfefferbäume und ihre leuchtend roten »Weihnachtsbeeren« die Flanken des Overseas Highway. Überqueren Sie das Wasser, sind Türkis- und Smaragdtöne alles, was weit und breit zu sehen ist. Um Brücken und Straßen herum ist das Wasser so flach, dass Sie locker 100 Meter weit waten können, ohne nasse Knie zu riskieren. Offenkundig sind die Keys schaumgeboren und entstammen dem Ozean des Florida Reef; eine kleine Oase in der Mitte von Big Pine Key jedoch verweist darauf, dass diese Felsinseln es auch in sich haben.

Blue Hole, das »blaue Loch«, ist die einzige Süßwasserquelle der Keys – allerdings nicht, weil Mutter Natur das so gewollt hätte: Um die vorletzte Jahrhundertwende baute der Gründer der Florida East Coast Railway, Henry Flagler, eine Bahnstrecke, die sich vom Festland bis nach Key West erstreckte. Zu diesem Zweck wurden Kalk- und andere Gesteine dem Boden entrissen. Mehr als 100 Jahre später hatte sich ein Steinbruch auf Big Pine Key mit Regenwasser gefüllt. Das Salzwasser, das unterhalb des Süßwassers fließt, stabilisierte das so entstandene Blue Hole, das sich zum Paradies für viele Tier- und Pflanzenspezies entwickelte. Der Weißwedelhirsch etwa kommt hierher, um seinen Durst zu stillen. Auch Vogelarten der Everglades wie der Schlangenhalsvogel oder der Kanadareiher haben sich angesiedelt. Selbst ein paar Alligatoren paddeln herum. Statt Palmen wachsen Elliott-Kiefern, die eigentlich die Sumpfgebiete Floridas bevölkern. Eine für die Keys atemberaubende Szenerie und ein einzigartiges Beispiel dafür, wie elegant die Natur zuweilen mit menschlichen Bestrebungen kooperiert. Wer sich das blaue Wunder aus der Nähe anschauen möchte, begehe den Naturwanderpfad, der um den ganzen Park herumführt.

Adresse Key Deer Boulevard, Big Pine Key, FL 33043, Tel. +1 305.872.0074 | **Öffnungs-zeiten** täglich von Sonnenauf- bis -untergang | **Tipp** Für jene, die South Floridas reiche Biosphäre näher kennenlernen möchten, empfiehlt sich eine »Slog the Slough«-Erfahrung (»Leg den Tümpel trocken!«) im Everglades National Park. Waten Sie mit einem Guide hüfttief durch die träge fließenden Wasser und erkunden Sie das Innenleben der Ever-glades: kuppelförmig wachsende Zypressensümpfe, deren Fauna stark derjenigen des Blue Hole ähnelt. Nichts für schwache Nerven!

17__Boca Chita Key

Verschollen

Knapp 18 Kilometer östlich von Homestead liegt ein Paradies, das sich kaum von den Stränden der Fidschi-Inseln oder Bora Boras unterscheiden lässt. Während Sie auf die Ragged Keys zukreuzen und Ihr Boot sich im Wellengang wiegt, erscheint am Horizont eine verschwommene Linie; dann erhebt sich ein Eiland scheinbar aus dem Nichts. Während Sie sich dem Land nähern, fällt Ihr Blick auf einen sechs Meter hohen Leuchtturm – faktisch das »Welcome to Boca Chita Key«-Schild. Im Biscayne National Park auf dieser sehr speziellen Insel ist jeder Besucher willkommen – in einem unberührten Paradies, das für jeden im Besitz eines Bootes erreichbar ist. Machen Sie an Boca Chitas Nordwestecke fest und sichern Sie sich Ihren ganz persönlichen Traumstrand.

Ein kleiner Streifen Sand liegt exponiert auf trockenem Land; die See ist jedoch so flach, dass Sie knietief zu einer Anzahl kleinerer Inseln waten können. Der Sand ist weich und geriffelt, was auf minimale bis null Tieraktivität hinweist. Stachelige Mangroven ragen aus dem glasklaren Wasser wie Stalagmiten; Tausende großer Muscheln bedecken den Boden und möchten als Andenken mitgenommen werden. Die Farbe des Wassers schwankt mit dessen Tiefe. An den seichtesten Stellen ist es absolut klar, als blickte man auf untergetauchte Korallen-Metropolen, die Schulen von Bitterfischen bewohnen. Watet man tiefer hinein, verwandelt sich die Farbe in ein blasses Türkis; an den tiefsten Stellen strahlt es in der Mittagssonne in majestätischstem Blaugrün.

Gehen Sie den Tag an wie Tom Hanks in »Castaway – Verschollen«, aber ohne die entsetzlichen Mühen. Die zerzausten Strände sind Ihre Zuflucht; Schutz vor Hitze finden Sie in den luftigen, schattigen Nischen unterhalb der Mangroven. Versorgen Sie sich aus der Kühlbox voller Sandwiches und Wasserflaschen. Genießen Sie den Augenblick mit Freunden und Familie – und natürlich Hanks' Volleyball.

Adresse Boca Chita Key liegt knapp 20 Kilometer südlich von Key Biscayne. | **Tipp**
Auch ein einzigartiges Bucht-Erlebnis ist das nächtliche Paddleboarding bei Miami Beach
Paddleboard (1416 18th Street). Die Unterseite eines jeden Boards ist mit starken LED-
Leuchten ausgestattet, die das dunkle Wasser erhellen und die nächtlichen Aktivitäten der
Meeresbewohner um Sie herum offenlegen.

18_Cat Man
Der Katzenflüsterer

»Die Katzenshow für Katzenfans! In fünf Minuten! Nicht zu spät kommen, wir fangen eh nie pünktlich an!«, ruft Dominique LeFort mit einem Zwinkern kichernden Touristen auf den Docks zu. Denn Katzen kann man ja nicht dressieren. Oder zumindest kann sie niemand dressieren außer Dominique. Er und seine Stubentiger – so albern wie eindrucksvoll sie wirken – sind schon durch die gesamten Staaten getourt und in fast jeder größeren Stadt aufgetreten. Zum Glück für die Floridianer haben sie ihre Zelte in Key West aufgeschlagen.

Immer bei Sonnenuntergang ist Feliden-Time nahe Mallory Square. Dominique gibt Chopin (»Der Smarte«) das Zeichen, das Seil bis zu seinem Podest zu erklimmen. »Immer mit der Ruhe, aber fix!«, zirpt der Katzenflüsterer Chopin zu, während der noch zögert. Dafür wagt Mandarine, die orange Getigerte, ein paar Schritte über das Drahtseil. »Bleib, wo du bist, und tu, was du magst«, ruft Dominique, während er den Feuerreifen entzündet. Eine nach der anderen hüpfen die Samtpfoten nun auf dem Hochseil durch den Reifen, begleitet von den Oohs und Aahs der Menge.

Den größten Teil seines erwachsenen Lebens hat Dominique als Straßenkünstler verbracht, angefangen bei der Lecoq School, wo er Improvisation, modernen Tanz und Pantomime studierte. Als Clown Rou Dou Dou war er als One-Man-Show zwischen Las Vegas und Montreal überall unterwegs. Während dieser Zeit – inspiriert von der Katze seiner Tochter, Chaton – begann er, Hausmiezen in seinen Act einzubinden. Cat Man war geboren.

Seit 1981 unterhalten Dominique und seine Kätzchen die Menge in Key West Harbor. Vor der Kulisse der sinkenden Sonne schreitet der wuschelhaarige Franzose mit Noch-immer-80er-Nackenspoiler durch seine Manege wie ein wüst exzentrischer Zirkusdirektor und scherzt mit dem Publikum, sich selbst und dem Himmel über ihm, während sein Kleintiger-Spektakel es locker mit allem aufnimmt, was Zirkuszelte sonst so zeigen.

Adresse die Docks hinter dem Westin Hotel in 245 Front Street, Key West, FL 33040, Tel. +1 305.304.7764, www.catmankeywest.com | **Öffnungszeiten** täglich bei Sonnenuntergang | **Tipp** Beim allabendlichen »sunset festival« füllt sich Mallory Square mit Leben. Straßenperformer treten auf der Plaza auf. Auch kuriose Gestalten wie »Big Bird« laufen herum und knipsen Sie für einen Dollar. Ein Dudelsackspieler lässt schottisches Liedgut ertönen, und ein wie eine Statue angemalter Mann hält einen Ball in der Hand – mit einem eifrigen Golden Retriever zu seinen Füßen.

19__Cauley Square

Vom Hurenhaus zur Southern Belle

Anno 1903 betrieb Lyman Gould einen Gleisanschluss an der Florida East Coast Railway im südlichen Dade County. Dieses Nebengleis öffnete die sprichwörtlichen Schleusen für die Farmer der Redlands, die dank dieser Streckenerweiterung ihre Frischware nun endlich wirtschaftlich durch den Staat transportieren konnten. Das Dorf zog bald Siedler an; in den 1920ern hatte sich Cauley Square – nach Redlands-Farmer William Cauley benannt – einen Ruf als lärmendes Zentrum des groben Unfugs erarbeitet.

Als der Great Hurricane von 1926 die Gegend beinahe dem Erdboden gleichmachte, wurde das Kaff aufgegeben und über 20 Jahre lang dem Verfall überlassen. Die Abrissbirne drohte bereits, als 1949 Mary Ann Ballard zu Hilfe eilte und das acht Hektar große Grundstück erwarb. Ganz allein verwandelte Ballard die Geistersiedlung Cauley Square in die Replik einer Stadt im Stil Alt-Floridas. Verschwunden waren nun die Abpackbetriebe, Saloons und Bordelle, die einst die 08/15-Bedarfshaltestelle prägten. An ihre Stelle traten die Highlights des Amerika der vorletzten Jahrhundertwende: offene Plätze mit rustikalen Springbrunnen, skurrilen Handwerksläden und einem Teehaus.

Der Kitsch von anno dazumal ist eine willkommene Abwechslung von Miamis urbanem Gesicht. Indie-Boutiquen und andere Läden machen es leicht, hier einen Nachmittag zu vertrödeln. Erwerben Sie bei Island Colors echtes Kunsthandwerk aus Haiti oder genießen Sie ein Glas Pinot, während die Live-Kapelle spielt. Ein Muss ist der Tea Room mit seinen Zier-Schmetterlingen, Spitzentischdecken und Buntglaslampen.

Erstanden aus dem Staub von Hurenhäusern und Billigpinten, scheint der Charme des »erhaltenen« Dorfs auch ein Jahrhundert später wie unberührt. Cauley Square – das ist die alte Southern Belle von Miami, die sich in ihrem Fischbeinkorsett und langem Kleid im Schaukelstuhl wiegt und blinzelnd abwartet, ob Sie auf ihren Spuk hereinfallen.

Adresse 22400 Old Dixie Highway, Miami, FL 33170, Tel. +1 305.258.0044, www.cauleysquare.com | **Öffnungszeiten** Di–So 11–17 Uhr | **Tipp** Auf dem Rückweg nach Downtown lohnt eine Stippvisite beim legendären Rib-Grill Shorty's BBQ (9200 South Dixie Highway). Die Holzhütte, die nach einem verheerenden Brand 1972 wiederaufgebaut wurde, ist mit altmodischen Holztischen vollgestellt. Die Beef Ribs sind in jeder Hinsicht enorm. Bringen Sie Ersatzkleidung mit.

20 Das Clevelander in Marlins Park

Disco mit Homerun-Garantie

Nirgendwo sonst auf der Welt finden Sie eine Outdoor-Disco – mit Swimmingpool! – in einem Baseballstadion. In Marlins Park in Little Havana betreibt das berühmte Clevelander Hotel nebst Nachtclub in South Beach einen Ableger direkt neben dem Bullpen der Auswärtsmannschaft. Auf dem linken Feld, mit So-lala-Blick auf das Spiel, tanzen Mädchen auf Podesten, während Cocktails und Bier in rauen Mengen fließen. Manche Clubbesucher verschwofen hier zu den Beats des hauseigenen DJs die ganze Nacht. Andere chillen im Pool, zumindest bis der Ball ins Wasser platscht, was sie daran erinnert, dass nur ein paar Meter weiter ein Baseballspiel der Major League im Gange ist.

Aus dem Schatten von Basketball und American Football ist der Baseball in Miami nie getreten, immer blieb er das vernachlässigte Stiefkind, ganz gleich, wie gut die Marlins spielten. Doch nun, da South Beach seine Renaissance erlebt, probieren es die Marlins eben mit ihrer. Clubbesitzer und Kunsthändler Jeffrey Loria errichtete 2012 ein verschwenderisches neues Stadion, temperaturgeregelt und mit zurückziehbarem Dach – ein neuer Juwel in Little Havana. Der Park hat es auch sonst in sich. Hinter dem Schlagmal reihen sich Aquarien mit Fischen aneinander, über dem Außenfeld unterhalb der großen Panoramafenster, die Miamis Skyline die Show überlassen, steht eine Skulptur des Künstlers Red Groom mit Reihen von springenden Marlins (Fischen), die in Gang kommen, wann immer Miami einen Homerun einfährt.

Doch ohne Zweifel ist die Disco der Ausknocker des Stadions. Samstags performt in diesem Baseball-Club Noche Caliente, eine Salsaband, die dem feierwütigen Volk zwei Stunden vor und nach dem Spiel einheizt. Da die Drinks vom ersten bis zum neunten Inning fließen, scheint die Sonne hier immer auf South Beach, ganz gleich, wie die Marlins sich schlagen.

Adresse 501 Marlins Way, Miami, FL 33125, Tel. +1 305.532.4006, www.miami.marlins.mlb.com/mia/ballpark/clevelander.jsp | **Öffnungszeiten** zwei Stunden vor dem ersten Pitch bis zwei Stunden nach Spielende; Spielplan auf der Website der Marlins | **Tipp** Wenn Marlins Clevelander schließt, geht die Party im berühmten Original-Clevelander von South Beach weiter (1020 Ocean Drive, Miami Beach).

21__Der Club Nautico

Miami in seinem Element

Was die Seine für Paris und Lake Michigan für Chicago, das – und mehr – ist Biscayne Bay für Miami. Wer die smaragdgrüne Bucht einen Tag lang zu seinem Abenteuerspielplatz machen möchte, schaue doch beim Club Nautico vorbei und picke sich aus einer Auswahl von schicken Powerboats und Yachten das Passende heraus. (Das gibt es sowohl für erfahrene als auch für grünohrige Wasserratten.)

Wer viel Erfahrung hat und es lieber dezenter mag, probiere es mit einem kleinen Motorboot. Mit einer Gruppe von bis zu sechs Leuten steht Ihnen auch eine Fahrt durch die Bay mit der sechs Meter langen Nautic Star offen: Kreuzen Sie zur Lunchtime zum Chart House oder düsen Sie herum, um die unberührten Strände in North Miami und die Hochhäuser von Downtown in den Blick zu nehmen. Wer Miami lieber abtourt wie P. Diddy die Côte d'Azur, chartere sich eine ganze Yacht mit Crew. Für ein Dutzend Freunde und ein paar Nächte auf offener See empfiehlt sich ein 25-Meter-Boot. Wessen Brieftasche sich nicht so weit dehnt, dem sei versichert, dass selbst ein einziger Tag in der aquatischen Fünf-Sterne-Welt unauslöschliche Eindrücke von der Stadt hinterlässt, die Sie umgibt.

Loslegen sollten Sie früh, um den Sonnenaufgang über dem Atlantik nicht zu verpassen. Halten Sie Kurs ostwärts vom Festland, machen Sie Ihr Boot bei Boca Chita fest (siehe S. 42) oder gehen Sie bei einem der Ragged Keys vor Anker und entdecken Sie Ihr ganz persönliches Paradies. Brausen Sie nördlich nach Stiltsville (siehe S. 202) und bewegen Sie sich durch ein Labyrinth aus schwimmenden Häusern, jedes mit seinen eigenen Schrulligkeiten. In der Mitte der Bay wiederum lässt sich die Unterwasserfauna samt Riff wunderbar schnorchelnd erkunden.

Um Miami in seinem spektakulärsten Moment zu erleben, bleiben Sie lange genug auf See, um den Sonnenuntergang hinter der Skyline zu erleben – eine Neon-Explosion in Pink, Grün, Blau und Rot.

Adresse 4000 Crandon Boulevard, Key Biscayne, FL 33149, Tel. +1 305.216.8879, www.clubnauticomiami.com | **Öffnungszeiten** Mo–Do 9–20 Uhr, Fr–So 8–20 Uhr | **Tipp** Eine andere spaßige Art, sich durch Miami zu bewegen, sind die elektrischen Golfcarts. Mieten Sie sich bei DecoCart (www.decocarts.com) einen. Die Wagen sind so designt, dass man damit gut durch den Verkehr und die Parkschwierigkeiten in South Beach zu navigieren vermag.

22 Das Coconut Grove Playhouse

Großes Autokino

Immer schon ist Coconut Grove eine gespaltene Community gewesen. Die Ostseite prägen Villen, Shoppingmalls und Luxusrestaurants unter Feigenbäumen. Im Westen wuchert die Drogenszene durch Wohnruinen und soziale Neubauten. Seit 1956 ist Coconut Grove Playhouse in der Charles Avenue Wahrzeichen eines der lärmigsten Viertel Miamis, das von Elend und Exzess beherrscht wird.

Zu seiner Blütezeit gingen im Playhouse auch die Stars ein und aus. Bea Arthur etwa trat hier auf, bevor sie ihren Lebensabend bei den Golden Girls verschäkerte. Auch George C. Scott und Denzel Washington wirkten hier. Dramatiker Tennessee Williams brachte einige seiner bedeutendsten Werke hier erstmals auf die Bühne und inszenierte ein Revival von »Endstation Sehnsucht«. Nach einem halben Jahrhundert als Epizentrum der lebendigen Theaterszene der Stadt – und nach ein paar Budgetproblemen zu viel – wurde das Haus 2006 dichtgemacht.

Heute ist das Innere nach wie vor geschlossen, der Außenteil jedoch hat wieder Unterhaltungswert: Das von Austin geführte Blue Starlite Mini Urban Drive-in hat sich auf dem Parkplatz eingerichtet; alles geht im turbo-nostalgischen Stil altertümlicher Drive-ins zu, von den Ermäßigungen bis zu den Filmen selbst. Gehen Sie zum Erfrischungsstand, schnappen Sie sich frisches Popcorn, Soda in der Glasflasche und nehmen Sie Platz, während Kinoklassiker wie »Der Zauberer von Oz« oder »Der Frühstücksclub« über den Silver Screen flimmern. Das Freilichttheater bietet einige originelle Alternativen zu den üblichen Kino-Grundnahrungsmitteln; statt Butter-Topping zum Popcorn gibt es auch feines Trüffelöl vom benachbarten Taurus Beer & Whisk(e)y House. S'mores nebst Minifeuer, um die Marshmallows zu toasten und die Schokolade zu schmelzen, ergänzen den Standard von Milk Duds und Raisinettes.

Adresse 3500 Main Highway, Miami, FL 33133, www.miamiurbandrivein.com | **Öffnungs-zeiten** unterschiedlich, bitte Website beachten | **Tipp** Parken Sie, bevor der Film anfängt, und erkunden Sie die reiche Geschichte von Coconut Grove bei Barnacle State Park (3485 Main Highway). The Barnacle, das älteste Haus Miamis, wurde 1891 erbaut und gehörte einst Ralph Middleton Munroe, einem der Pioniere von Coconut Grove.

23 Das Coppertone Girl
Sei kein Bleichgesicht!

In den Asphaltdschungeln und Betonwüsten dieser Welt sind Stadtbewohner seit jeher findig, wenn es darum geht, sich kleine Zufluchtsorte zu sichern, an denen man an der frischen Luft durchatmen und Energie tanken kann.

Die New Yorker haben ihren Central Park, die Pariser das Flussbecken der Seine und die Miamianer ihre weißen Strände mit dem unverwechselbaren Geruch nach Sonnenöl samt der einzigartigen Duftkombination aus Kokos, Vanille und – vage – Latex. Das Öl-Bukett allein vermag den Süd-Floridianer zu seinem mentalen Strand zu geleiten – wie auch das kleine blonde Mädchen, das am Biscayne Boulevard zwei Stockwerke hoch aufragt. Wenige Blocks vom 79th Street Causeway entfernt exponiert sich Miamis Maskottchen an der Wand eines Bürogebäudes. Der gigantische Halb-Nackedei blickt erschrocken auf einen kleinen braunen Cockerspaniel, der dem Mädchen das Unterteil seines Badeanzugs zu entreißen und ihm dabei das blasse Popöchen zu entblößen droht. Nach der Legende posierte einst die Enkelin des alten Coppertone-Inhabers Charles E. Clowe für diesen Streich, in Wahrheit jedoch wurde sie von Pin-up-Künstlerin Joyce Ballantyne entworfen.

Obwohl Miamis ältestes Kleinkind bereits sein ganzes junges Leben hier verbringt, hat es bereits eine Menge von der Welt gesehen, seit es 1959 zur Welt kam. Zunächst zierte es eine Seite des alten Parkleigh House gegenüber dem Freedom Tower und grüßte vorbeifahrende Schiffe mit dem alten Slogan »Sei kein Bleichgesicht! Nimm Coppertone!«. 1995, nachdem die Kleine vier Jahre in einer Lagerhalle zugebracht hatte, zog sie zum Concord Building in der Flagler Street. 17 Jahre später fand Miamis Nacktarsch ein neues Zuhause, diesmal im MiMo District.

Seit beinahe einem Jahrzehnt nun prangen Göre und Welpe über den kultigen gelben Lettern in 7300 Biscayne Boulevard – ein Stück amerikanischer Kulturgeschichte, einst »Mond über Miami« genannt.

Adresse 7300 Biscayne Boulevard, Miami, FL 33138 | **Tipp** Das Coppertone-Reklameschild befindet sich im Herzen von Miamis Modern Architecture District am Biscayne Boulevard (aka »MiMo on BiBo«). Es lohnt ein genauerer Blick auf alte Motels wie das nahe gelegene Vagabond, das Satur oder das Seven Seas – typische Beispiele für die südkalifornische »Googie«-Architektur.

24_ Das Coral Castle

Der Tadsch Mahal von Homestead

Irgendwo zwischen einer Alligatoren-Farm und ein paar Südstaaten-Flaggen steht der »Tadsch Mahal« von Homestead, in einem Vorort knapp 50 Kilometer von Miami entfernt.

Dem Letten Edward »Ed« Leedskalnin gelang es nie, seinen Herzschmerz zu überwinden, nachdem ihm seine Verlobte Agnes einen Tag vor der Hochzeit den Laufpass gegeben hatte. In seiner Verzweiflung wanderte er in die USA aus, wo er sich in den 1920ern in Florida City niederließ. Die nächsten 30 Jahre brachte er damit zu, massive Gebäudeteile aus Koralle und Sandstein zu errichten – eine Huldigung, die Agnes niemals sehen würde.

Ed hatte keine Geduld mit den neugierigen Nachbarn; als 1936 Pläne für eine Unterabteilung in der Nähe des ursprünglichen Standortes gemacht wurden, transportierte er die Skulpturen in einer Nacht-und-Nebel-Aktion an ihre heutige Location. Niemand weiß, wie er das zuwege brachte. Die einzige Bemerkung, die sich Ed je entlocken ließ, war diejenige, dass er »etwas von Gewicht und Hebelwirkung« verstehe. Sofort schoss die Theoriebildung ins Kraut, von reversem Magnetismus bis hin zu schwarzer Magie.

Innerhalb des kolossalen Komplexes spielen Eds Visionen von Ehe und Familie eine befremdliche Hauptrolle. Ins Speisezimmer stellte er den herzförmigen Tisch »Fest der Liebe« für 5.000 Pfund. Im »Thronsaal« können Sie die königlichen Podeste testen, die er für sich selbst, Agnes, das Kind und die Schwiegermutter erbaute. Wer mit ungezogener Plage reist, besuche die »Bußecke« mit Stöcken – einer fürs Kind und der andere für Agnes, sollte sie »aufsässig« werden.

Gegenüber der Subway und einem Pizza Hut gelegen, ist Coral Castle leicht mit einem Minigolfplatz zu verwechseln. Wer jedoch anhält und hier herumspaziert, wird eine wahrhaft bizarre Hommage an eine unerwiderte Liebe vorfinden und eine Magie wahrnehmen, die der Welt größter Spinnerei in Sachen Liebeswahn in nichts nachsteht.

Adresse 28655 S Dixie Highway, Homestead, FL 33033, Tel. +1 305.248.6345, www.coralcastle.com | **Öffnungszeiten** So–Do 8–18 Uhr, Fr und Sa 8–20 Uhr | **Tipp** Ein wenig weiter nördlich auf der US 1 finden Sie Shiver's BBQ (28001 S Dixie Highway), einen von Miamis ältesten und besten Barbecue-Schuppen. Bestellen Sie eine Platte »smoky sloppy ribs«, und Sie werden nicht imstande sein, mit dem Futtern aufzuhören, bis Sie sich leicht immobil fühlen.

25 Der Crandon Park Zoo

Räder von glücklichen Pfauen

Wo einst die größte Kokosplantage der Stadt stand, wurde 1947 Crandon Park angelegt, sieben Jahre nachdem Familie Matheson über 70 Hektar an Dade County gespendet hatte; die großzügige Stiftung war für öffentliches Grün bestimmt. Ein Jahr nach dem Bau der Parkanlagen turnte und trapezte ein Wanderzirkus durch die Stadt, ging prompt pleite und hinterließ eine Ziege, zwei Schwarzbären und drei Äffchen. Die verwaisten Tiere erwarb man für 270 Dollar – und im nördlichen Drittel von Key Biscayne öffnete Miamis erster Tiergarten seine Pforten.

Mitte der 1960er war er zu einem der Vorzeige-Zoos der Nation avanciert; mehr als 1.000 Tiere, die über 350 Spezies repräsentierten, standen zur Schau – einschließlich der seltenen indischen Elefanten, weißen Tigern und dem Panzernashorn. Als Hurrikan Betsy 1965 sein Vernichtungswerk vollendet hatte, waren 250 Tiere der Sturmflut erlegen. Man begann über einen sichereren Ort in South Miami nachzudenken. 15 Jahre später wurde die Anlage geschlossen und seine verbliebenen lebenden Exponate in den zukünftigen Zoo Miami verbracht.

Obwohl die Großfauna Key Biscyane verlassen hat, ist das Land geblieben; nur wenige Schritte von einem der ruhigsten Badestränden Südfloridas entfernt. Statt Löwen und Tigern, die in ihren Gehegen hospitalisiert auf und ab schleichen, stelzen nun wilde Pfauen umher und spreizen ihr opulentes blaubuntes Gefieder, wobei sie Besucher unverhohlen um Fressbares anschnorren. Leguane, die es nicht in den neuen Zoo geschafft haben, bilden in den heutigen Crandon Park Gardens ganze Kolonien. Nähern Sie sich einem Tier, und es wird über die verlassenen Wege davonhuschen, die einst Miamis schaulustige Kinderscharen bevölkerten. Alte Gehege, noch immer mit Tropenmotiven bemalt, sind mit Irrgärten von Palmen und Sträuchern überwuchert. Auch die Käfigstangen sind Vergangenheit, aber die Gehege sind voller Erinnerungen. Eine Geisterstadt der Tiere.

Adresse 6747 Crandon Boulevard, Key Biscayne, FL 33149, Tel. +1 305.361.5421, www.miamidade.gov/parks/crandon.asp | **Öffnungszeiten** täglich Sonnenauf- bis -untergang | **Tipp** Schauen Sie sich an, was aus dem alten Crandon Park Zoo im Zoo Miami (12400 SW 152 Street) geworden ist, der in South Miami nahe Kendall liegt. Er ist einer der wenigen zaunlosen Zoos der Vereinigten Staaten; hier lebt kein Tier im Käfig.

26__Cuba Tobacco Cigar Co.

Schmauchen in Zeiten der Wehmut

Wie ein heißes Messer durch Butter gleitet, so stehen die Zigarren von Little Havana für das Wesen Kubas und seine zwei Hälften – für den Reichtum ebenso wie für die Misere. Kult-Revolutionär Che Guevara sagte es so: »Eine Zigarre in Zeiten der Ruhe ist ein großartiger Gefährte für den einsamen Soldaten.« Entlang eines jeden Blocks der dauerlärmigen Calle Ocho paffen kubanischstämmige Amerikaner, die von Fidel Castros Regime aus ihrer Heimat vertrieben wurden, genüsslich ihre Stumpen mit einem Hauch vor sich hin glimmender Wehmut.

Betrieben wird Cuba Tobacco Cigar Co. von einer der ältesten Zigarrenfamilien Kubas; die Wurzeln der Bellos lassen sich bis ins 19. Jahrhundert zurückverfolgen, als Don Bello auf der Suche nach einem besseren Anbauklima die Kanarischen Inseln verließ – mit Kurs auf Kuba. 1896 gründete er seine erste Zigarrenfabrik, Tabacalera Las Villas. Nachdem Castro 1959 die Macht übernommen hatte, verlangte er die Übergabe aller Zigarrenmanufakturen des Landes; andernfalls würden die Inhaber zu Verrätern an der Revolution erklärt. So um ihr Unternehmen gebracht, flohen die Bellos nach Miami; später eröffneten sie in der 8th Street neu.

Von der Straße aus wirkt das Exterieur wie jede andere beliebige Ladenfassade mit Spanisch sprechender Klientel. Drinnen jedoch ist der frische Tabakgeruch von betäubender Intensität; den Wänden mit den Zigarrenkisten vom Boden bis zur Decke scheint er das Leben geradezu einzuräuchern. Verkauft werden handgerollte Zigarren, die vom kürzeren Belicoso bis zum längeren Esplendido reichen. Vorn tratschen die Stammkunden mit dem Inhaber, während hinten die tabacaleras an ihren Plätzen schweigend Stumpen rollen. Für Touristen ist es ein unvergessliches Highlight, eine vor ihren Augen Frischgerollte genüsslich zu verschmauchen. Für die Einheimischen bleibt es eine gleichermaßen tröstliche wie bittere Erinnerung an unwiederbringliche Zeiten.

Adresse 1528 SW 8th Street, Miami, FL 33135, Tel. +1 305.649.2717, www.cubatobaccocigarco.com | **Öffnungszeiten** täglich 10–18 Uhr | **Tipp** Der perfekte Begleiter für Ihre Zigarre ist ein Glas Whiskey in der historischen Ball & Chain Lounge (1513 SW 8th Street) direkt auf der anderen Straßenseite.

27__Der Deering Estate

Die Vizcaya des armen Mannes

In Coconut Grove steht auf 17 Hektar Küstenland mit seinen 2.800 Quadratmetern eines der populärsten Wahrzeichen Miamis: James Deerings berühmte Neorenaissancevilla Vizcaya (siehe S. 200). Nur 20 Kilometer die Old Cutler Road hinunter jedoch erbaute sich James' Bruder seinen eigenen Privatpalast. Obwohl bescheidener als jener seines Bruders, ist Charles' Heimstatt nicht weniger faszinierend.

Den Deerings gehörte die International Harvesting Company, ein Großhersteller von Agrarmaschinen, der 1910 über 100 Millionen Dollar jährlich umsetzte. 1922 baute sich Charles Deering sein zweistöckiges Stein-Heim mit Blick auf die Biscayne Bay. Dessen Fertigstellung überlebte er zwar nur um fünf Jahre, verfügte testamentarisch jedoch, dass das Anwesen in Familienbesitz bleiben sollte, bis das letzte seiner Kinder starb. 1984 schließlich segnete Barbara, seine Jüngste, das Zeitliche, und der Prunkbau wurde für über 22 Millionen Dollar an den Staat Florida verkauft.

Die im Vergleich zur Vizcaya subtileren Feinheiten lassen sich sowohl von außen als auch im Innern des Haupthauses bewundern. Im Hinterhof säumen Palmen beide Seiten einer kleinen Bucht, die von der Bay aus verborgen bleibt. Drinnen lässt sich trotz Klimaanlage erahnen, wie ungestüm einst die Meeresbrise durch die Fenster unterhalb der kubanischen Dachziegel gebraust sein muss. Eines der interessantesten Details ist der Weinkeller aus der Prohibitionszeit, der, seit den 1920ern unverändert, mit einer hinter einem beweglichen Bücherregal versteckten, drei Tonnen schweren Banktresortür gesichert ist.

Als 1945 ein Hurrikan durch Miami fegte, stand der Keller unter Wasser, und die Tresortür wurde verschlossen. Da niemand mehr die Kombination kannte, blieb der Keller bis 1985 ungeöffnet. Dann beauftragte man einen renommierten Panzerknacker, hier einzubrechen. Mehr als 4.000 Tropfen lagerten noch immer fein säuberlich auf ihren Holzregalen.

Adresse 16701 SW 72nd Avenue, Miami, FL 33157, Tel. +1 305.235.1668, www.deeringestate.com | **Öffnungszeiten** täglich 10–17 Uhr | **Tipp** Picknicken ist hier ausdrücklich erlaubt. Zu diesem Zweck decken Sie sich am besten bei Asia Market Oriental Store (9525 SW 160th Street) mit Köstlichkeiten für den Brunch ein, um es sich auf dem Grundstück gut gehen zu lassen.

28 Der Domino Park

Grips unter freiem Himmel

Inmitten von Calle Ochos Pfiffen, Hupen und Spontantrommlern sind das Klick-Klack der Dominosteine und die »abuelitos« (Großväter), von ein paar café con leches zu viel angeheizt und nun lautstark die Himmel beschwörend, das Einzige, was Sie unter den Pavillons des Maximo Gomez Park (bekannt als Domino Park) hören werden. Neben dem Eingang prangt ein Mauerbild von Oscar Thomas, das jene Präsidenten der amerikanischen Länder darstellt, die dem ersten Amerika-Gipfel 1994 in Miami beiwohnten.

Gomez ist Kubas George Washington – jener Mann, der Spanien niederrang, um die Unabhängigkeit zu erlangen. In einem Dschungel aus Fedora-Hüten und »guayaberas« (geknöpften weißen Hemden mit Taschen) lebt Gomez' Kuba fort – über konzentriertem Gemurmel und dem schlurfenden Ziehen von Elfenbeinsteinen.

Ein Dominospiel beginnt damit, dass alle Steine umgedreht und vermischt auf dem Tisch liegen. Jeder Spieler nimmt sich einen Stein vom Stapel; derjenige, der den mit der höchsten Punktzahl zieht, fängt an. Dann werden die Steine erneut gemischt. Jeder Spieler zieht sieben Steine, die anderen werden zur Seite geschoben. Ziel ist es, die eigenen Steine so zu legen, dass nur gleiche Punktzahlen aneinandergrenzen.

Ob Regen oder Sonnenschein: Im Park ist stets etwas los, vor allem launiger Wettstreit. So gehören zu den Sticheleien Strafen für zu langsames Ziehen genauso wie Verweise auf den Taillenumfang der gegnerischen Ehefrau. Oft hört man ein gebrummeltes »Oyé, chico!« (»Hör mal, Junge!«). Wie Mah-Jongg und Shuffleboard gehört Domino zu den bevorzugten Rentnerspielen. Für viele in Little Havana ist der Park wie ein Erholungsraum in einem Seniorenheim – unter freiem Himmel. Neben ihrem Unterhaltungswert trainieren die Steine das Gedächtnis und sind ein guter Grund, unter Leute zu gehen. Wenn – dem Sprichwort gemäß – ein müßiger Verstand der Spielplatz des Teufels ist, so tummeln sich hier gutmütig grinsende Engel.

Adresse 801 SW 15th Avenue, Miami, FL 33135, Tel. +1 305.859.2717 | **Öffnungs-zeiten** täglich 8–18 Uhr | **Tipp** Ziehen Sie sich im historischen Tower Theater (1508 SW 8th Street) einen Indie-Streifen rein.

29 El-Carajo

Tanke der Gaumenfreuden

Trotz der manischen Raser von Dade County ist die Fortbewegung auf vier Rädern noch immer die sicherste und effizienteste Transportmethode. Glückssache hingegen und nicht selten lebensgefährlich ist der öffentliche Nahverkehr. Der Nachteil der Abhängigkeit vom Wagen bleibt natürlich das Problem mit dem Sprit. Wenn der gegen null geht, dann hoffentlich in der Nähe dieser BP-Tankstelle in Coconut Grove.

Man glaubt ja zu wissen, was »carajo« bedeutet. Den Inhabern zufolge allerdings, die die Royal Academy of Spanish zitieren, bezog sich der Begriff ursprünglich auf die Krähennester auf den Masten spanischer Karavellen. Der Ausruf leite sich davon ab, dass man mit selbigem zum »carajo« hochgejagt wurde – als Strafe.

Einst begann die in dritter Generation geführte Edeltanke als bescheidene Spritstation mit Mini-Markt, die Leidenschaften der Inhaber jedoch führten in den letzten 30 Jahren zur Expansion. Hinter den Regalen mit Scheibenreiniger, Zigaretten, Kaugummi und anderem Ex-und-hopp-Bedarf liegt eine unerwartete Oase für Freunde guten Essens und Weins. Eine Bar serviert kubanischen Kaffee und Gebäck; die Pracht umfasst ganze Kuchen, Pies, Kroketten, Sandwiches; ein geziegelter »Weinkeller« präsentiert eine erlesene Auswahl internationaler Tropfen, die es mit jeder Weinhandlung in Miami aufnehmen kann. Die eigentliche Überraschung aber kommt noch.

Hinter der Weinabteilung finden Sie sich in dem von Mauerbildnissen verzierten Dinnersaal eines echten Gourmetrestaurants wieder; auf den Tisch kommen traditionelle Tapas. Die Karte ist umfangreich und das Essen der Hammer. Kombinieren Sie Ihren Wein mit eichelgefülltem, drei Jahre lang geselchtem Schinken oder mit einer klassischen Fleischplatte mit Serrano, Manchego-Käse und Chorizo – oder kommen Sie gleich mit Freunden und bestellen Sie eine Familien-Paella. Danach werden Sie auch bei Tankstellen niemals mehr nach dem Äußeren allein urteilen.

Adresse 2465 SW 17th Avenue, Miami, FL 33145, Tel. +1 305.856.2424, www.el-carajo.com |
Öffnungszeiten der Weinladen: 24 Stunden; das Restaurant: Mo–Do 12–22 Uhr, Fr–Sa
12–23 Uhr, So 13–21 Uhr; Bäckerei und Café täglich 7–22 Uhr | **Tipp** Wer nicht mehr
genug Sprit hat, um es bis nach Coconut Grove zu schaffen, verzage nicht! Tanken Sie in
einer anderen Luxustanke Miamis, Europa Car Wash & Cafe (6075 Biscayne Boulevard),
wo es kostenloses WiFi und eine große Auswahl an Gourmet-Sandwiches gibt – in einem
Ambiente, das an eine Hotellobby in South Beach erinnert.

30___El Palacio de los Jugos

Hotspot für coole Drinks

Der Ruf als authentischer Schnappschuss vom wilden Latino-Leben eilt der Calle Ocho voraus. Wer jedoch einen intimeren Blick auf die spanischstämmige Kultur Miamis werfen möchte, der halte sich westlich Richtung Flagami. Aus der Calle Ocho wird 8th Street, die Kronen der Feigen dünnen aus, und die Häuser werden schäbiger. Die Guyabera- und Zigarrenläden verschwinden; an ihrer Stelle stehen nun Schlüsseldienste und Pfandleiher. Flagami mag weder Little Havanas Geschichte noch dessen Charme aufweisen, hier aber steht der beste, authentischste Saftladen South Floridas.

Reinaldo und Apolonia Bermudez kamen 1965 aus Kuba hierher. Reinaldo arbeitete in einem Lebensmittelmarkt und Apolonia in einer Fabrik; das über die nächsten fünf Jahre verdiente Geld steckten sie in ihren ersten Palacio. Was als Obstladen in Little Havana begann, mauserte sich zu einem lokalen Imperium, das derzeit an acht verschiedenen Orten in Dade County operiert. Die Mehrzahl der Angestellten sind ehemalige kubanische Flüchtlinge.

Schon montags um drei ist das El Palacio gerammelt voll. Draußen schwingt ein Mann eine Machete; frische grüne Kokosnüsse auf einem gigantischen Tablett werden nacheinander geknackt, auf einen Trichter gesetzt und in einen Krug hinein entleert – fertig zum Verkauf.

Drinnen warten heiße kubanische Köstlichkeiten wie »arroz con pollo« (Huhn mit Reis) oder »platanos« (geröstete Kochbananen). Markenzeichen jedoch ist die geschäftige Safttheke, an der Menschen in quietschgelben Outfits farblich passende Bananen, Passionsfrüchte und Ananas in Styroporbecher pressen.

Sie können auf Nummer sicher gehen und köstliche »limonada« oder »jugo de naranja« bestellen. Wagemutigere probieren etwa den Saft der Großen Sapote, der an flüssige Pecannuss erinnert. Oder chillen Sie bei Guavensaft – immer noch süß, aber nicht so, dass Sie hier durstiger hinausgehen, als Sie hereingekommen sind.

Adresse 5721 W Flagler Street, Miami, FL 33144, Tel. +1 305.262.0070, www.elpalaciodelosjugos.com | **Öffnungszeiten** Mo–Sa 8–21 Uhr, So 8–20 Uhr | **Tipp** Bevor Sie sich bei El Palacio flüssige Freuden gönnen, dinieren Sie gepflegt im 94th Aero Squadron Restaurant (1395 NW 57th Avenue), während Sie Fliegern beim Starten und Landen auf einem der verkehrsreichsten Flughäfen der Welt zusehen.

31 Española Way

Die Flaniermeile

Im geografischen Zentrum von South Beach, inmitten eines Art-déco-Panoramas, liegt überraschend eine mediterrane Promenade. Und plötzlich sind Sie in Nizza. Autos sind hier nur begrenzt zugelassen; daher ist dies die beste Meile weit und breit, um – abgesehen von dicht bevölkerten Stränden und Fußwegen – ziellos zu flanieren, zu essen, zu shoppen und die elegante Szenerie auf sich wirken zu lassen.

Über 80 Jahre lang hat Española Way den Zeitläuften unnachgiebig getrotzt, selbst als Miami Beach immer voller und sonnenverölter wurde und mehr Raum einforderte. Ursprünglich für die High Society Miamis angelegt, war der Ort für die Schönen, Reichen und Mächtigen bestimmt, um dort ungestört die kühle Meeresbrise auf sich wirken zu lassen. Die europäisch inspirierte Küstenarchitektur ist in Pastell-Pink gehalten und wird von grün-weiß gestreiften Fenstermarkisen akzentuiert. Das Clay Hotel war sogar einmal Mafia-Legende Al Capone gut genug.

So prächtig Klein-Nizza war, als so wenig immun erwies es sich gegen den langsamen Verfall South Beachs zwischen den 1950ern und den 1980ern. Die einst luxuriöse Esplanade samt Mittelmeerflair verkam zu einem von vielen Orten der Verwahrlosung, mit der die Gegend zu kämpfen hatte. Die Spaziergänger blieben aus, die Farbe schälte sich von den einst boomenden Restaurants und Hotels.

Seit ihrer Wiederbelebung in den 1980ern hat sich die einstige Elitemeile kulturell stark gewandelt. Heute wimmelt es hier nur so von Cafés, Galerien und sogar ein paar Yogastudios, die Feigen beschirmen und Lichterketten erhellen wie New Yorks Little Italy. Das Clay Hotel dient nun als Herberge für Weltreisende und einheimische Jugendliche. Filmsets, Straßenkünstler und Kitschverkäufer beleben die Straßen. Die einstige Pracht von Española Way ist wiederhergestellt – nun jedoch zum Vergnügen der Masse, nicht nur der Klasse.

Adresse Española Way, Miami Beach, FL 33139, www.myespanolaway.com | **Tipp**
Vier Blocks nördlich finden Sie eine weitere schöne Flaniermeile in der Lincoln Road
Mall. Was ihr an Charme fehlt, macht sie durch eine große Anzahl von Geschäften und
Restaurants wett.

32___Die Fassade des CIFO

Downtowns Bambuswald

Zwischen Parkplätzen und Nachtclubs, nahe einer der staatenweit härtesten Gegenden in Overtown, hat es ein wunderschöner Bambuswald bis auf die Fassade einer zeitgenössischen Kunstgalerie gebracht. Über eine Million winziger Kacheln in 100-plus-Farben – ein eklektisches Mosaik aus Orange,- Grün-, Blau- und Brauntönen – erscheinen aus der Nähe wie die Pixel einer Digitalfotografie. Mit jedem Schritt zurück jedoch nimmt ein Dschungel aus Bambussprossen und Lianen langsam Gestalt an und erwacht zum Leben.

Derzeit macht Miami sich einen Namen damit, Schönheit an Orten zu entdecken, wo der Hässlichkeit einst kaum beizukommen war; das leuchtende Außenleben des CIFO ist ein solches Zeitzeichen. Jahrelang war dieses Viertel bis zur Bedeutungslosigkeit verfallen, geschlagen mit Armut, Kriminalität und Innenstadtverwahrlosung. Die kunstinspirierte Verschönerungskur begann 1990 mit der Installation von Oldenburgs und van Bruggens »Dropped Bowl« vor dem Government Center und breitete sich bald in ganz Downtown, Wynwood und Hialeah aus.

Das Konzept der Galerie spiegelt diese Entwicklung wider. CIFO-Gründerin Ella Fontanals-Cisneros richtete ihre Stiftung 2002 ein, um »Künstler zu unterstützen, die in der zeitgenössischen Kunst neue Wege gehen«. Völlig überraschend ist das Innenleben: eine abstrakte Installation, die von der Decke herabhängt, ein Netz aus fluoreszierenden Farben, ein zerbrochener Spiegel, der zu einem Porträt umarrangiert wurde, oder Pfeile auf dem Boden, die zu den Metropolen der Welt weisen.

Die Fassade jedoch ist zweifellos jener Hingucker, der die Leute zu den Pforten zieht. In zehn Monaten hatten Architekt Rene Gonzalez und Team die Kacheln einzeln von Hand angebracht, gerade rechtzeitig, um sie auf der Art Basel 2005 der Welt zu präsentieren. Die gut sechs Meter hohe Wand aus Wald verschmilzt mit den realen Bambuspflanzen im Hof und eint Natur und Kunst.

Adresse 1018 N Miami Avenue, Miami, FL 33136, Tel. +1 305.415.6343, www.cifo.org | **Öffnungszeiten** Do–Fr 12–18 Uhr, Sa–So 10–16 Uhr | **Tipp** Das CIFO liegt mitten in Downtowns boomendem Nachtclubviertel. Club-Hopping bis in die Puppen von Club Space (Lightshows mit Live-DJ, der Trance and House auflegt; 34 NE 11th Street) bis zum Corner (schlichte Taverne, die Einheimischen kreative Cocktails serviert; 1035 N Miami Avenue) ist hier total angesagt.

33___Fireman Derek's Key Lime Pie

Das beste Stück

Die Key Lime Pie: In der Welt des Essens ist sie die vollendete Komposition aus »sauer« und »süß«. Ihre Ursprünge indes sind umstritten. Manche meinen, es handele sich um eine Kreation von »Aunt Sally«, der Köchin des ersten Millionärs im Florida des ausgehenden 19. Jahrhunderts, William Curry. Andere sagen, die Vielgepriesene habe ihre Premiere an Bord eines Schwammtaucherbootes gefeiert. Deren karge Essensrationen umfassten Key-Limetten, gezuckerte Kondensmilch und Eier. Beiden Parteien kommt wohl ein Teil der Lorbeeren zu.

Die besten Key Lime Pies sind minimalistische Meisterwerke: eine feuchte Kruste aus Graham Crackers, vollgesogen mit dem Saft von Key-Limetten und getoppt mit South Floridas berühmtem Key Lime Custard – blassgelb, fest, aber saftig und kühl. Ein reichhaltiges Vergnügen, doch sehr erfrischend, das einen jeden Süßzahn ruinieren wird. Und keiner kriegt sie besser hin als Feuerwehrmann Derek Kaplan.

Wie das geht, brachte er sich mit 15 Jahren selbst bei, als er zu seinem kulinarisch unbedarften Vater zog. Bald entdeckte er sein Talent in der Küche. Heute wirkt Kaplan, während er im Miami Firehouse 1 in Downtown Dienst schiebt, als Koch der Crew. Wenn er nicht gerade Leute retten muss, backt er Pies in seinem Shop in Wynwood, der im Juli 2014 eröffnete. Die Theke des kleinen Cafés ist vollgepackt mit Versuchungen – von herzhaften Quiches mit Spinat und Feta oder gegrilltem Schweinefleisch mit karamelisierten Zwiebeln und Guave bis zu Desserts wie Schoko-Flan und sahnigen Cheesecakes.

Die meisten Gäste jedoch kommen wegen der Kult-Pie. Lassen Sie ihre Gabel durch den köstlichen Custard und die Kruste darunter gleiten: Der Hauch von Key-Limetten-Saft ergänzt perfekt die salzige Süße der Kruste und explodiert auf Ihren Geschmacksknospen auf simpelste, herrlichste floridianische Art.

Adresse 2818 N Miami Avenue, Miami, FL 33137, Tel. +1 786.703.3623,
www.firemanderekspies.com | **Öffnungszeiten** Mo–Mi 8–18 Uhr, Do–Fr 8–21 Uhr,
Sa 12–21 Uhr, So 12–18 Uhr | **Tipp** Wer auf den Keys weilt – der Heimat der
Keys-Limette –, probiere eine Key Lime Pie im Blue Heaven (729 Thomas Street) in
Key West. Mit ihrem Topping aus Bergen von Meringue ist auch sie eine beachtliche
Kandidatin für den Titel »Bestes Stück der Keys«.

34___Florida Keys Brewing Company

Eiskalt in Islamorada

In der Kunst des eitlen Nichtstuns gehören die Bürger der Keys zu den Weltbesten, und nichts rundet einen müßigen, relaxten Tag so gut ab wie ein eiskaltes Pint Bier. An glühend heißen Nachmittagen mutet ein Raum mit Klimaanlage, gesäumt von Hähnen mit kostbarem Nass, eher wie eine Notwendigkeit als wie Luxus an. Glücklicherweise hat es die Craft-Beer-Bewegung mittlerweile bis nach Islamorada geschafft.

2015 eröffnet, ist die junge Brauerei bereits auf dem Weg, zur regionalen Institution zu werden. Den Schlüssel zum Erfolg gab den Inhabern Cheryl and Craig McBay Floridas aufkeimende Bierszene an die Hand – etablierte lokale Brauereien wie Funky Buddha in Oakland Park, Saltwater Brewery in Delray Beach oder Miami Brewing Company, ein Abkömmling von Schnebly's Winery in Homestead. Sie vertrauen bei allem, von Rezepttips bis hin zum Marketing, auf Crowdsourcing. Von einem soliden wirtschaftlichen Fundament abgesehen, spendeten diese Brauereien aus Florida sowie diverse nationale Craft-Beer-Firmen den Neueinsteigern Hunderte von Kronkorken für ein Kunstprojekt, das nun den Schankraum der McBays ziert. Die Wände zu beiden Seiten des Eingangs schmückt ein Mosaik in kunstvollem wirbeligen Design.

Die Kulisse der Bar geben die Farbtöne eines typischen Sonnenuntergangs auf den Keys: Gelb, Orange und Blau hintermalen die Reihe der Zapfhähne, die nur darauf warten, bedient zu werden. Wenn die Brise nachlässt und die Sonne direkt über Ihnen sengt, schnappen Sie sich ein erfrischendes kaltes SunSessional IPA mit blumigem Hopfenaroma und bitteren Zitrusnoten. Sobald die drückende Hitze später am Tag wieder kühleren Lüftchen weicht, ist ein Coffee-Stout der Tipp – die Antwort der Keys auf den »café con leche«. Für ein flüssiges Dessert probieren Sie das Weißbier mit Key-Limetten.

Adresse 200 Morada Way, Islamorada, FL 33036, Tel. +1 305.916.5206, www.floridakeysbrewingco.com | **Öffnungszeiten** täglich 13–21 Uhr | **Tipp** Der perfekte Bierbegleiter ist die moderne und originelle Gastropub-Kost von oo-tray (80900 Overseas Highway), ein paar Blocks südlich der zum Meer gelegenen Seite des US 1. Die Karte umfasst einzigartige Gerichte für den kleinen wie den großen Hunger – wie etwa »Foie French Toast« mit gefrorener, geraspelter Foie gras und Red-Bull-Fond.

35__Florida Keys Wild Bird Rehabilitation Center

Einfach beflügelnd

Im Herzen von Tavernier, auf der Westseite des Overseas Highway, verbirgt sich im Dickicht der Pfefferbäume eine ornithologische Oase. Hier suchen wilde Vögel Unterschlupf – von Papageien und Pelikanen bis zu Singvögeln und Schnee-Eulen. Ganz ohne Eintrittsgebühr flattert und zirpt sich Laura Quinns Wildvogel-Auffangstation in die Herzen der Besucher.

Nachdem Sie eine staubige, steinige Straße heruntergerumpelt sind, begrüßt Sie Fredricka, die Grüne Amazone der Leiterin, mit einem charmanten »Hello!«. Ein Bohlenweg durch die Mangroven geleitet Vogelfreunde zu den zahlreichen Volieren, die sich über das Gelände verteilen. Malaien- und Virginia-Uhu sind die ersten Spezies, an denen Sie vorbeikommen. Die stechend gelben Augen des Letzteren wirken eingefallen, denn den Vögeln hier geht es allen nicht gut; entweder sind sie verletzt oder haben sich verflogen. Die stolzen Breitschwingenbussarde behalten ihre Umgebung von hohen Ästen aus im Blick. Ein Rotschulterbussard mit rostfarbener Brust und braun-weiß gestreiften Flügeln sitzt nebenan in seinem Käfig; Truthahngeier mit ihren scharlachroten Köpfen und schwarzen Gefieder rucken mit heimtückisch anmutendem Blick hin und her wie die Skekse aus dem Film »Der dunkle Kristall«. Eine winzige Schreieule macht es sich in ihrem Häuschen gemütlich, halb schläfrig, halb wach.

Ein großes Maschendrahtgehege am Westende der Anlage beherbergt Braunpelikane mit riesigen Schnäbeln, Ohrenschwalben mit orangefarbenem Gesicht und langen Wimpern und vornehm schreitende weiße Ibisse. Von nebenan keckern die Lachmöwen herüber; sie wohnen mit Königsseeschwalben zusammen.

Ganz hinten schließlich dient ein offener Strand vorbeiziehenden Gästen als Zufluchtsort. Dort baden Pelikane und Ibisse frei in der Sonne der Florida Keys – genau wie die Menschen, die hier leben.

Adresse 93600 Overseas Highway, Tavernier, FL 33070, Tel. +1 305.852.4486, www.keepthemflying.org | **Öffnungszeiten** täglich von Sonnenauf- bis -untergang | **Tipp** South Florida ist eines der lohnendsten Gebiete für Vogelfreunde. Entlang des Overseas Highways weisen braune Schilder auf Haltepunkte auf dem Great Florida Birding and Wildlife Trail hin, an denen es lohnt, seitlich heranzufahren und verschiedene einheimische Vogelarten zu beobachten.

'To save our birds from hook and line injuries

36__ Der Fruit & Spice Park

Diesseits von Eden

Nirgendwo in den USA ist die Flora so abwechslungsreich wie in Miami. Banyanbäume, Säge- und Kokospalmen gedeihen im tropischen Klima der Region prächtig. In den ländlichen Redlands des südlichen Dade County wurde eigens ein Park angelegt, um die Vielfalt des in Florida angebauten Obstes in Szene zu setzen. Neben einem Springbrunnen hängen die Früchte des Leberwurstbaumes herab; ein mediterraner Kräutergarten verströmt intensiven Rosmarinduft; Bienen summen auf der Suche nach Nektar: Der Fruit & Spice Park ist eine wunderbar delikate Erfahrung.

Gleich in der Begrüßungszone können Sie exotische Früchte probieren. Entdecken Sie, wie subtil die Süße der Weißrindigen Himbeere die Säure der Pakistanischen Maulbeere ergänzt. Spülen Sie Ihren Gaumen mit nussiger Sapote und vergleichen Sie sie mit der ähnlich schmeckenden Eggfruit, deren Fruchtfleisch in der Konsistenz tatsächlich an gekochtes Eigelb erinnert. Setzen Sie sodann Ihren Aroma-Trip mit den milden Zitrusnoten der gelben Loquat und des Sternapfels mit seinem leuchtend weißen Fleisch und der prächtig violetten Schale fort.

Die Bäume des Parks blühen zu verschiedenen Jahreszeiten; folglich wechselt das Angebot an Früchten mit der Saison. Im Winter gibt's keine Mango und im Sommer keine Sapodilla, so ist nun einmal das Leben. Dafür wird Ihnen hier ein Querschnitt durch die exotischen Früchte und Gewürze rund um den Erdball geboten. Spazieren Sie durch das Zuckerrohr- und Bananenwäldchen, eigentlich in Südamerika heimisch. Macadamianüsse wachsen in Hülsen, die von den Bäumen herabhängen, während rote Büschel von Litschis von den Zweigen baumeln, als wäre das hier China. So köstlich die Früchte auch schmecken: Sie zu pflücken ist streng untersagt. Wer jedoch eine findet, die zu Boden gefallen ist, darf sich den Fund-Snack auf der Zunge zergehen lassen. Wie einst Eva im Paradies – nur ohne die bekannten Folgen.

Adresse 24801 SW 187th Avenue, Homestead, FL 33031, Tel. +1 305.247.5727, www.fruitandspicepark.org | **Öffnungszeiten** täglich 9–17 Uhr | **Tipp** Hat Ihr Besuch im Park Sie dazu inspiriert, selbst einen Obstbaum anzupflanzen? Besuchen Sie Treeworld Wholesale (24605 SW 192 Avenue). Hier haben Sie eine atemberaubende Auswahl an Bäumen und Sträuchern – vom Pfauenstrauch bis zur Tabebuia.

37__Das Fußballdach

Rooftop-Kicken im Asphaltdschungel

In den letzten 50 Jahren war Miami Zeuge einer Bevölkerungsexplosion – nämlich jener an der eigenen Skyline. Freiflächen in Downtown gibt es praktisch nicht; so musste vertikales Wachstum die Unterbringung all jener sicherstellen, die um die Brickell Avenue herum leben und arbeiten. Die meisten holen sich ihre Entspannung am Strand ab, der über den Rickenbacker Causeway nach Key Biscayne oder über den MacArthur Causeway hinweg nach Miami Beach leicht zu erreichen ist.

Wen es nach mehr als Meeresbrise gelüstet, der versuche es doch einmal mit der Kunstrasen-Oase auf dem Dach eines kleinen Bürogebäudes an der Mündung von Miami River. Von Netzen eingesponnen, steht das Fußballfeld ziemlich allein da, verloren in einer Stahlbetonwüste aus Myriaden von Hochhäusern. Feld und Netze sind kleiner als regulär, die Umgebung dafür überlebensgroß: Hotels, Wohnkratzer und Bürotürme geben das Publikum. Am Südende schließt eine Hochgarage bündig mit der Torlinie ab. Hoch droben über ihrer Fassade in Regenbogenfarben schwebt der unirdische Heiligenschein von 500 Brickell. Das große kreisrunde Loch in 130 Metern Höhe fängt das Sonnenlicht ein und blickt wie das Auge einer Gottheit auf den Rasen herab. Am Nordende ergießt sich Miami River, flankiert von Hochhäusern, in die Biscayne Bay.

Zu Übungszwecken kann man das Feld stündlich mieten – oder für ganze Spiele eine Woche lang. Hier kickt auch die Lokalliga und bietet sonntags Fußballkurse für Kinder an. Im Zentrum von Miami ist es nur logisch, dass dieser internationale Sport hier komplett durchknallt und sich in den Höhen von Downtowns schwülem Asphaltdschungel austobt. Lateinamerikaner machen zwei Drittel der Bevölkerung aus, und wenn die irgendetwas eint, dann »fútbol«. Seit einiger Zeit ist gar die Rede von einem eigenen Profi-Team für Miami, aber das hängt an der Finanzierung und dem Bau eines konkurrenzfähigen Fußballstadions – für mehr als nur Himmelskicker.

Adresse 444 Brickell Avenue, 2nd Floor, Miami, FL 33131, Tel. +1 305.967.3512, www.soccerooftop.com | **Öffnungszeiten** Mo–Fr 16–0 Uhr, Fr–Sa 9–0 Uhr | **Tipp**
Weiter nördlich die Miami Avenue hinauf finden Sie Fooq's (1035 N Miami Avenue), ein zeitgenössisches amerikanisches Restaurant mit einigen der besten Burger der Stadt auf der Karte. Querrippe, Skirt Steak und Rinderbrust umfasst die Bulette; obendrauf schmilzt Jarlsberg. Serviert wird das Ganze auf getoastetem und gebuttertem Brioche.

38_ Der Garten von Ichimura

Watson Island bei Sonnenaufgang

Watson Island, das ist jene Betonplatte inmitten der Biscayne Bay, die man vom Festland über den MacArthur Causeway erreicht. Obwohl Jungle Island, das Miami Children's Museum, der alte Wasserflugplatz, ein Motorbootclub und eine öffentliche Bootsrampe bescheidenere Attraktionen abgeben, ist die Insel größtenteils nichts weiter als ein Checkpoint auf dem Weg nach Miami Beach.

Verborgen zwischen dem Causeway und Jungle Island's Tiefgarage jedoch liegt – völlig unbeschildert – ein prächtiger japanischer Garten, den Orchideenbäume und Bambus einrahmen. Angelegt wurde er 1961 und zählt damit zum Ältesten, was es hier gibt. Vater der Idee war der Japaner Kiyoshi Ichimura, der Miami 1957 wegen einer Kameraausstellung besuchte. Beim Blick aus dem Hotelfenster fiel ihm der Kontrast zwischen der üppigen Vegetation Miamis und dem kargen Eiland auf. Das musste nicht sein. Also schrieb er der Stadt, in welches Paradies Hunderte von Kirschbäumen Watson Island verwandeln würden. Zwar bekam er das Okay, leider jedoch erwiesen sich die Bäume als uneinführbar – wegen potenziell schädlicher Bakterien. Stattdessen importierte Ichimura Hunderte von Orchideenbäumen aus China und ließ sie pflanzen – als Geschenk. Das Konzept eines traditionellen japanischen Gartens nahm Gestalt an, als Ichimura ein Team von Schreinern und Gärtnern aus dem Land der aufgehenden Sonne nach Magic City sandte.

Trotz eines kleineren Umzugs nach der Erbauung von Jungle Island ist die wunderbare Stille, die von dem Garten ausgeht, ungetrübt. Ein kaskadenförmiger Wasserfall dämpft den Lärm des Verkehrs, der über die Dammstraße brettert. Seerosen treiben in ihrem erhöhten Teich, während das Wasser von einer Stufe zur nächsten plätschert. Ein gepflegter Steingarten lädt zu innerer Einkehr und Meditation ein. Halten Sie auf der Suche nach dieser kleinen Oase die Augen offen – so schwer sie zu vergessen ist, so leicht verfehlt man sie.

Adresse 1101 MacArthur Causeway, Watson Island, FL 33139, Tel. +1 305.960.4639, www.friendsofjapanesegarden.com | **Öffnungszeiten** täglich 9–18 Uhr | **Tipp** Wer noch mehr Japan-Miami-Fusionen erleben möchte, dem sei Pubbelly in Miami Beach (1418 20th Street) ans Herz gelegt. Pubbelly hat kreative japanische Tapas auf der Karte wie etwa Teigtaschen mit Short Ribs und Mais.

39___Das Green Turtle Inn

Mock rockt!

1935 fegte der Labor Day Hurricane, der stärkste Sturm, der jemals die USA heimsuchte, über die Florida Keys und verwüstete alles, was sich ihm in den Weg stellte. Mit Windgeschwindigkeiten von bis zu 300 Stundenkilometern tosten die sechs Meter hohen Fluten über die gesamten Upper Keys hinweg; danach mussten Eisenbahn und Straßen komplett neu gebaut werden. Der neue Overseas Highway wurde in den frühen 1940ern fertiggestellt; ein paar Jahre später kauften Sid und Roxie Siderious das ehemalige OD King's Rustic Inn, ein kleines Hotel und Café direkt an der Ostseite des US 1 in Islamorada. Bei den einheimischen Fischern und Reisenden war der Laden sofort der Hit. Seit 1947 serviert Sids und Roxies Green Turtle Inn eines der köstlichsten Gerichte der Keys: die berühmte Schildkrötensuppe (»turtle chowder«) mit gepfeffertem Sherry.

Mehr als 6.000 Pfund Schildkrötenfleisch »erntete« das Green Turtle Inn pro Monat und füllte Tausende Portionen Suppe in Dosen; im Restaurant gab es das berühmte frische Turtle-Steak, Suppen und Chowders, bis 1993 der Verzehr von Schildkrötenfleisch verboten wurde. Obwohl der »Turtle«-Chowder auf der Karte kein Schildkrötenfleisch mehr enthält, schmeckt er nicht minder göttlich.

Über die Mock-Turtle-Cuisine hinaus fährt das Restaurant weitere klassische Gaumenkitzler der Keys auf. Probieren Sie schmackhafte Jakobs- und Venusmuscheln, die direkt aus dem Gewässer in der Umgebung stammen, gönnen Sie sich eine Riesenportion frischen Fisch oder heimische Meeresschnecken – blitzgeröstet und auf warmem Brot mit einer dünnen Schicht Mangomayonnaise serviert.

Nach Florida und auf die Keys strömen die Menschen wegen des schönen, wenngleich heißen Wetters, der lässigen Vibes weißer Sandstrände – und wegen der unvergleichlichen Fischküche. In Islamorada, der Welthauptstadt des Sportfischens, nennt diese Kultbraterei Markierung 81.2 ihr Zuhause. Ein Meilenstein.

Adresse 81219 Overseas Highway, Islamorada, FL 33036, Tel. +1 305.664.2006, www.greenturtlekeys.com | **Öffnungszeiten** Di–So 7–15 Uhr, 17–22 Uhr | **Tipp** In früheren Zeiten servierte das Green Turtle in Bier gedämpfte »Key West Pinks« (Shrimps). Obwohl nicht mehr auf der Karte, gibt es die »Pinks« noch überall in den Gewässern. Da sie als die am mildesten schmeckenden aller Krustentiere gelten, lohnt es sich, nach den köstlichen Viechern zu fischen oder sich welche auf den Fischmärkten zu besorgen.

40___Der Greynolds Park

Miamis Mount Everest

Hätte South Florida im frühen 20. Jahrhundert ein menschliches Antlitz gehabt, es wäre von unzähligen Steinbrüchen pockennarbig gewesen, in denen Unmengen von herausgebrochenem Sandstein und Korallen Krater hinterlassen hätten. Ähnlich einem Rohdiamanten von Teenager gelang es der Region, sich mit ihren Vernarbungen schließlich abzufinden und Schönheit in ihren Unvollkommenheiten zu entdecken. Greynolds Park etwa, ehemals Steinbruch, glückte eine steile Karriere bis hin zum ländlichen »Berg« von Mutter Naturs Gnaden.

Floridas Hügel reichen nur so weit in den Süden. Um Orlando weichen die nördlicheren Gebiete mit ihrem sanft gehügelten Terrain plötzlich einer flachen Ebene. Einst war ganz South Florida Teil der Everglades; seine Feuchtgebiete schienen bis zum 19. Jahrhundert unbebaubar – bis man herausfand, wie man Sümpfe trockenlegt. Als das Land erschlossen war, verwandelte sich die Region von unbewohnbarem Marschland in eine der größten Metropolregionen der USA – in weniger als einem Jahrhundert.

Dem alten Steinbruch ist es zu verdanken, dass den höchsten Punkt Floridas nun diese Korallenfestung auf einer 13 Meter hohen Erhebung bildet, die durch die Massenbeerdigung von altem Bergbaugerät entstand. Der Blick von diesem Bollwerk mit seiner amerikanischen Flagge, die in der Brise flattert, bietet einen einzigartigen Blick auf das flache Drei-County-Gebiet, das anders nicht leicht einsehbar ist.

Tanken Sie Sonne über den uralten Bäumen, die dem Park Schatten spenden. Sehen Sie Kindern dabei zu, wie sie ihre Fahrräder zur Festung hochschieben und von dort quietschend vor Vergnügen abwärtssausen. Besuchen Sie auch die Vogelstation, den Bohlenweg zu den Mangroven, die überdachte Brücke und die Lagune. Wenn Sie hier inmitten der Picknicktische, Grasfelder, Lebenseichen und der schwülen Hitze North Miamis sitzen, ist es, als sänge im Hintergrund leise das alte Dixieland.

Adresse 17530 West Dixie Highway, North Miami Beach, FL 33160, Tel. +1 305.945.3425, www.miamidade.gov/parks/greynolds.asp | **Öffnungszeiten** täglich von Sonnenauf- bis -untergang | **Tipp** In South Florida herrscht wahrlich kein Mangel an Golfplätzen. Mieten Sie Schläger und spielen Sie einen schnellen Neuner im »twilight« (14 Uhr in der Winterzeit, 15 Uhr in der Sommerzeit) für weniger als 20 Dollar auf dem öffentlichen Golfplatz des Greynolds Parks.

41 Die hängenden Gärten
Babylon in der Bucht

Vom MacArthur Causeway aus, der die Biscayne Bay überblickt, gerät eine der Großtaten moderner Architektur ins Sichtfeld, die zu Recht den Namen von Miamis Baulöwen Jorge Perez trägt. Eine gigantische Holzpergola, die parallel zur Uferlinie weiter unten verläuft, hängt über dem Meisterwerk der Architekten Herzog und de Meuron aus Stahl, Beton und Glas. Ganz wie die Installationen drinnen ist das 2013 eröffnete Perez Art Museum selbst ein Kunstwerk.

Sogar der Parkplatz verdient Bewunderung, verschmelzen der Kies unten und der Beton oben doch nahtlos mit dem Eingang des Gebäudes, der Sie eine Treppenflucht hinauf- und dann durch einen nachempfundenen Regenwald geleitet, während Wasser zu beiden Seiten der Stufen herabsickert.

Vom Zwischengeschoss aus ist es unmöglich, die imposanten, sechs Meter hohen Pflanzungen zu übersehen, die an Balken oberhalb festgemacht sind. Gewaltige babylonische Gärten mit mehr als 200 Arten von Farnen und Blütenpflanzen wiegen sich sanft in der Meeresbrise. Kakteen und blühender Salbei sorgen für zusätzliche Farbe und Textur, locken Vögel und Bienen zu Nektarquellen.

Vater der Säulengärten ist der französische Botaniker Patrick Blanc, der das Vorbild in Madrid entwarf. Herzog und de Meuron waren von Blancs Bravourleistung tief beeindruckt und nahmen sich felsenfest vor, ihn nach Miami zu entführen, auf dass er die Fassade des PAMM mit Leben erfülle.

Schattenpflanzen entsprießen der Pergola vor dem Museum, während robustere Spezies, die den Elementen trotzen, zur Bucht hin wachsen. Inmitten der hängenden Gärten, im hinteren Hof, überblickt man von Schwingsitzen aus die Bay und Miamis Hafen. Irgendwo zwischen einem Schaukelstuhl und einer Hängematte angesiedelt, lädt diese bequemste Kunstschöpfung, die jemals erfunden wurde, die Gäste dazu ein, sich zu setzen, im Schatten zu chillen und sich die Salzluft durch die Nüstern zu ziehen.

Adresse 1103 Biscayne Boulevard, Miami, FL 33130, Tel. +1 305.375.3000, www.pamm.org | **Öffnungszeiten** Di–So 10–18 Uhr, Do bis 21 Uhr | **Tipp** Das Bass Museum (2100 Collins Avenue) in Miami Beach ist ebenfalls auf zeitgenössische Kunst spezialisiert. Das Gebäude, einst öffentliche Bibliothek, ist ein Beispiel für die Art-déco-Architektur der Gegend.

42__Haulover Cut

We Built This City on Cocaine

Das türkisfarbene Wasser und der weiße Sand entlang des Meeresarms bei Haulover sind das perfekte Idyll für Strandgänger. Fischerboote und private Motorboote preschen durch diesen schmalen Streifen hinein und heraus, der den »ritzigen« Nordabschnitt von Biscayne Bay mit dem Atlantik verbindet. Wirklich interessant macht diese Stelle jedoch ihre bedeutsame Rolle in der Geschichte des Drogenhandels. Einst war Haulover Cut das Tor, durch das illegale Substanzen hereingetuckert kamen und dem Stadtbild Miamis einen bleibenden Stempel aufprägten.

In den 1970ern und 1980ern, als die Nachfrage nach Marihuana und insbesondere Kokain in den Staaten sprunghaft anstieg, war Miami der Anlaufhafen der Wahl für Narkotika-Dealer aus Süd- und Mittelamerika. Unmengen von Stoff pumpten die Kartelle per Schiff in die Stadt, und mit ihnen wechselten Milliarden Dollar die Besitzer. Bald wurde Miami zum Mekka für Menschen mit Affinität zu beidem. Der Erfolg der Rauschgift-Operationen hing dabei von der Infrastruktur um diesen einen Meeresarm herum ab. Von den höheren Etagen schicker Apartmenthäuser aus, die während der Koksblüte hochgezogen worden waren, konnten Wachposten gut beurteilen, wann die verbotene Fracht an Land gebracht werden konnte, ohne zu viel Aufmerksamkeit zu erregen. Miamis Staatsdiener – sowohl Polizei als auch Küstenwache – waren berüchtigt für ihre Korruptheit und ließen die Mafia im Wesentlichen machen.

Haulover Cut bildete die Hauptvene zu Miamis rasendem, durch Drogen aus dem Takt geratenem Herzen. Die Auswirkungen prangten täglich auf der ersten Seite des »Miami Herald«. Schießereien in Einkaufszentren und Geiselnahmen in schicken Restaurants waren während der »Scarface«-Jahre an der Tagesordnung. Aus diesen Gräueln jedoch erhob sich Miamis pulsierende, elegante und vielgestaltige Stadtlandschaft. Im Guten wie im weniger Guten: Diese Stadt erbaute Kokain.

Adresse Haulover Park, 10800 Collins Avenue, Miami Beach, FL 33154, Tel. +1 305.947.3525, www.miamidade.gov/parks/haulover.asp | **Öffnungszeiten** täglich von Sonnenauf- bis -untergang | **Tipp** Kommen Sie mit dem Boot oder mieten Sie eines und lassen Sie sich herumführen. Auch eine Angeltour mit Guide können Sie bei Captain Jay's (10800 Collins Avenue) am Südende des Parks buchen.

43_Hemingways Katzen

Wem die Mieze miaut

Hinter einer niedrigen Ziegelwand steht Ernest Hemingways Haus noch genauso da wie zu Lebzeiten des Welt-Romanciers, der von 1931 bis 1939 hier wohnte. Wenn der Sommer am schwülsten wird, schwirren die Fans auf der Veranda herum und wirbeln die feuchte Luft zwischen den Dachsparren und dem grün lackierten Holzboden auf. Üppige Palmen und Sträucher umgeben das Haus aus dem 19. Jahrhundert, in dem literarische Perlen entstanden. Harry Morgan etwa befehligte Boote voller Schmuggelware in »Haben und Nichthaben« unter exakt diesem Dach. Während Hemingway über seinen Meisterwerken brütete, leisteten ihm seine sechszehigen Katzen Gesellschaft.

In seinen frühen Jahren in Key West begegnete er einem Kapitän, der auf der Durchreise an der Insel vorbeifuhr. An dessen Katze Snow White mit je sechs Zehen fraß Hemingway einen solchen Narren, dass der großzügige Seefahrer »Papa« das Tier schenkte. 85 Jahre später schleichen noch immer über 50 polydaktyle Nachkommen von Snow White über das Anwesen. Manche dösen zwischen den schattenspendenden Bäumen und scheren sich nicht um die Besucher, die wie angenagelt den Schreibtisch anstarren, an dem der Besitzer ihrer Vorfahren wirkte. Andere spazieren am Rand des versenkten Pools entlang – dem ersten seiner Art in Key West. Unerhörte 20.000 Dollar soll der Bau 1937 gekostet haben; heute wären das 300.000 Dollar. Die Dekadenz des Projekts war dem späteren Nobelpreisträger wohl bewusst; an der Nordseite des Pools steckte er eine Münze in den nassen Zement und rief: »Hier! Nehmt auch noch meinen letzten Penny!«

Es ist leicht zu ergründen, warum Hemingway sich in Key West niederließ. Sein exzentrisches Wesen, sein trockener Humor und die Vorliebe für steife Drinks passten nur zu gut zur Community des alten Fischers Santiago und anderer literarischer Lichtgestalten. Als der Meister gefragt wurde, warum er so viele Katzen besitze, antwortete er gewohnt lapidar: »Eine führt einfach zur anderen.«

Adresse 907 Whitehead Street, Key West, FL 33040, Tel. +1 305.294.1136, www.hemingwayhome.com | **Öffnungszeiten** täglich 9–17 Uhr | **Tipp** Key West wimmelt nur so von berühmten Residenzen. Besuchen Sie auch das »Little White House« (111 Front Street) des ehemaligen US-Präsidenten Harry Truman, wo »Give 'Em Hell«-Harry während seiner Amtszeit die Winter verbrachte.

44_ Der Hialeah Park

Auch der Pate war hier

Die Vanderbilts und Whitneys kamen her, um auf Pferde zu setzen. Weltpolitiker wie Winston Churchill und John F. Kennedy schritten die Ränge ab. Seit bald 100 Jahren nun hält Hialeah Park Hof in Central Dade County. Obwohl die Rennbahnen – wie die ganze Gegend – ein wenig gelitten haben, bleibt dies ein Juwel, das noch immer die (Wett-)Könige von Miami anzieht.

Szenen aus »Der Pate II« und »The Champ« wurden hier gedreht – wegen der Schönheit des Parks. Geschwungene Treppen aus Koralle winden sich zur Haupttribüne mit Breezeways aus weißem Holz hoch, die über die Jahre unverändert blieben. Als ausgewiesenes Audubon Bird Sanctuary beherbergt die Anlage eine Herde Flamingos, die sich im See des Innenfelds tummelt oder später am Tag im Schwarm zur anderen Seite auffliegt, um dort die letzten Sonnenstrahlen einzusammeln. Der gepflegte Aufgalopp, gesäumt von gepflegten Hecken, schlängelt sich von der Koppel durch den Haupteingang; Zweibeiner halten inne, um die Quarter Horses vorbeitrotten zu lassen, woraufhin sie in den Stallungen unterhalb der strahlend weißen Balken verschwinden.

Das Signalhorn trompetet »First Call« – Zeit, zu wetten! –, und die Rösser mit den Jockeys auf dem Rücken, deren leuchtende Seidenmontur in der Sonne Floridas glänzt, paradieren an den Zuschauern aller Altersklassen vorbei. Während die Pferde in der Startmaschine positioniert werden, baut sich bei den Stammfans spürbar Spannung auf.

Mit dem Startschuss und der Alarmglocke sind sie auch schon aus den Löchern. Ältere Hispanics schreien den Pferden Obszönitäten hinterher, und während ihre Rufe noch verhallen, sind innerhalb von 15 Sekunden alle Hufe vorbeigedonnert und das Rennen auch schon vorbei. Dann rasen die Zocker – so schnell wie die Pferdchen, auf die sie gerade gesetzt haben – zu den Auszahlerfenstern, um ihren Gewinn einzustreichen oder sich für den Verlust zu entschädigen – mit der nächsten Wette.

Adresse 2200 E 4th Avenue, Hialeah, FL 33013, Tel. +1 305.885.8000, www.hialeahparkcasino.com | **Öffnungszeiten** So–Do 9–3 Uhr, Fr–Sa 24 Stunden geöffnet | **Tipp** Rennen finden nur vom späten Dezember bis zum frühen März statt. Das Casino jedoch ist ganzjährig geöffnet.

45 Das History of Diving Museum

Abtauchen und Druck machen

Nur ein paar Blocks vom Atlantik einerseits und dem Golf von Mexiko andererseits setzt das Tauchmuseum eine überwältigende Anzahl nautischer Geräte in Szene, die Hunderte Jahre technischer Evolution umspannen. Gegründet wurde das Museum 2005 von zwei Meeresbiologen, dem Ehepaar Joe und Sally Bauer, um ihre herausragende Sammlung dauerhaft unterzubringen. Betreten Sie das Haus durch eine Druckschleuse (Attrappe!) in der Lobby und verlieren Sie sich in diesem Labyrinth von Unterwasserapparaturen. Bühnenlichter werfen Spots auf jedes Exponat, von Käfigen bis zu Atemschläuchen. Lebensgroße Puppen in jahrhundertealten Tauchermonturen baumeln hinter Plexiglaswänden von der Decke. Nehmen Sie in Dr. Halleys Taucherglocke Platz, einem auf dem Kopf stehenden, glockenförmigen Tank, mit dem man Taucher transportierte. Öffnen Sie die Luftventile und erfahren Sie am eigenen Leib, wie viel Druck ein Taucher des frühen 20. Jahrhunderts standhalten musste, der versuchte, seinen Helm komplett unter Wasser zu ziehen: Es ist härter, als es aussieht.

Kronjuwel des Museums ist zweifellos die Halle der Helme: Fast 50 rare Tauchmasken aus aller Welt, von Griechenland bis Japan, sind hinter Glas ausgestellt. Kupfermasken mit vergitterten, verglasten Suchern sind rasterförmig an der Wand vor Ihnen angebracht. Drücken Sie den Knopf auf dem Podest; jede Maske leuchtet auf, während ihre Audio-Präsentation beginnt.

Nur auf den Keys lässt sich so etwas erleben. Paris und London etwa sind durchdrungen von der Kultur einer intellektuell ausgerichteten Gesellschaft; entsprechend fallen Museen wie der Louvre oder Tate Modern aus. Auf den Keys jedoch vergisst das Leben seine polierten Umgangsformen. Statt abstrakten Kunstwerken stundenlang deren Botschaft abzuringen, rufen die Einwohner der Keys angesichts der Unterwasser-Gerätschaften nur: »Mensch, schau dir das an!«

Adresse 82990 Overseas Highway, Islamorada, FL 33036, Tel. +1 305.664.9737, www.divingmuseum.org | **Öffnungszeiten** täglich 10–17 Uhr | **Tipp** Wo schon vom Tauchen die Rede ist: Die Straße hoch in Key Largo erwartet Sie Jules' Undersea Lodge (51 Shoreland Drive), ein Hotel, das über sechs Meter unterhalb der Lagunenoberfläche liegt. Gäste müssen ein Tauchzertifikat vorlegen (Kurse bietet die Lodge an).

46_ HM69 Nike Missile Base
Am Rande der Apokalypse

Tief in den Everglades, mitten im Nirgendwo aus wogenden Feldern, ragen drei unheilvoll wirkende Silos auf. Außer Dienst, gewissermaßen. Handelt es sich doch um nichts Geringeres als die einzigen Überbleibsel des Nike-Hercules-Systems in South Florida, wo einst Tausende Sprengköpfe und Raketen aufgestellt waren, die schneller zündeten als Kugeln. Eine falsche Bewegung vom jeweiligen Staatschef hätte das Ende der USA, der Sowjetunion und wahrscheinlich auch der Welt bedeutet.

Als Antwort auf die verpfuschte Invasion in der Schweinebucht und angesichts amerikanischer Flugkörper, die auf Moskau zielten, hatten die Russen entschieden, eigene Geschosse zu ihrem kommunistischen Verbündeten in der Karibik zu transportieren – nach Kuba, wo Fidel Castro seit knapp fünf Jahren an der Macht war. Im Oktober 1962 befand sich der gesamte Planet in Reichweite von Armageddon. Auf dem Höhepunkt des Kalten Krieges gaben die Sowjets in dieser nuklearen Pattsituation kaum 150 Kilometer vom amerikanischen Ufer entfernt kein Jota nach. Zwei Wochen lang, während die Welt den Atem anhielt, wurde South Florida zur warmen, sonnenstrandigen Frontlinie eines drohenden Atomkriegs.

Die Nike-Silos wurden zwei Jahre nach der Kuba-Krise gebaut und machten die Everglades zur ersten Verteidigungslinie gegen den nächstgelegenen kommunistischen Feind. 15 Jahre lang zielten über zehn Missiles auf Havanna und waren bereit, jedes sich nähernde Objekt binnen Minuten zu zerstören.

Seit 1979 wird der Standort vom Everglades National Park betrieben. Die Raketenbasis, mit Stacheldrahtzaun und Schlössern gesichert, kann nur in Begleitung eines Park Rangers besucht werden. Über 50 Jahre nach ihrer Konstruktion lagert hinter riesigen Schiebetüren in einer rostigen, von Unkraut überwucherten Scheune noch immer eine einzige restaurierte Rakete: eine sprengkräftige Erinnerung daran, wie fragil der Frieden ist.

Adresse 40001 State Highway 9336, Homestead, FL 33034, Tel. +1 305.242.7700, www.nps.gov/ever/learn/historyculture/hm69.htm | **Öffnungszeiten** Dez.–April; die Zeiten variieren, rufen Sie im Voraus an, um eine Guided Tour zu buchen | **Tipp** Vom Park aus ist Anhinga Trail gut zu erreichen. Wanderern und Radfahrern bietet der Trail einzigartige Ausblicke in oft unberührte Teile der Everglades.

47___Das Holocaust Memorial

Die Hand Gottes

Im Vergleich zum übrigen Land weist Miami, insbesondere Miami Beach, eine beachtliche jüdische Bevölkerungsdichte auf. In der Gegend rund um die 5th Street (aka »Art Déco District«), wo nach dem Zweiten Weltkrieg Juden Wohnrecht erhielten, war es nicht ungewöhnlich, Überlebenden von Konzentrations- und Vernichtungslagern mit auf den Arm tätowierten Nummern zu begegnen.

Einst prangten »Nur Nichtjuden!«-Schilder vor vielen Anwesen Miami Beachs. So schmerzhaft es klingen mag: Sogar das ehemalige Gulf Hotel warb mit dem Slogan »Always a view, never a Jew!« (»Immer ein schöner Blick, ohne Juden zum Glück!«) für sich. Über die Jahre wuchs die Anzahl jüdischer Bewohner, während die antisemitischen Gesetze aufgehoben wurden. In den 1980ern waren die Einwohner Miamis zu 62 Prozent Juden − mit über 60.000 Personen in jüdischen Haushalten. Obwohl diese Zahl gesunken ist, floriert hier noch immer eine aktive jüdische Community. Vor den Häuserblöcken 1933 bis 1945 (!), entlang der Meridian Avenue, entwarf Künstler Kenneth Treister ein drei Stockwerke hohes Mahnmal; es symbolisiert »Leiden, das Leiden übersteigt«, wie Elie Wiesel, Holocaustüberlebender und Autor von »Die Nacht«, es nannte.

Ein monumentaler Arm samt Auschwitznummer bricht durch den Grund und greift nach dem Himmel; an ihn klammern sich nackte Männer, Frauen und Kinder in Todesangst und Verzweiflung. 50 Granitplatten umgeben die Skulptur; darin eingraviert sind die Namen von Tausenden Juden, die während des Zweiten Weltkriegs ermordet wurden. Ein runder Teich lädt zum Gedenken ein.

Das Mahnmal steht in starkem Kontrast zum warmen, fröhlichen Wesen von Miami Beach. Es dient der Erinnerung an die zahllosen Schrecken und Gräuel und möchte, dass der Betrachter »der grauenhaften Wirklichkeit begegnet und von ihr erschüttert« wird, wie eine Inschrift an der Wand sagt. Ein Teilzitat von Anne Frank.

Adresse 1933–1945 Meridian Avenue, Miami Beach, FL 33139, Tel. +1 305.538.1663, www.holocaustmemorialmiamibeach.org | **Öffnungszeiten** täglich 9.30 Uhr – Sonnenuntergang | **Tipp** Besuchen Sie das nahe gelegene Jewish Museum (301 Washington Avenue). Das Gebäude war die erste Synagoge in Miami Beach.

48__Die I-95 Express Lanes
Ode an die Schadenfreude

Nicht nur vor Hitze und Schwüle suchen die Einheimischen Schutz; auch der Verkehr in Miami nimmt es mit den schlimmsten Ecken von Los Angeles oder New York City auf. Die I-95, Dade Countys verstopfte Arterie, versucht den Verkehrsfluss in die Stadt hinein und wieder heraus zu managen. Dummerweise haben sich die Verkehrsgötter seit Jahrzehnten gegen diesen Highwayabschnitt verschworen. Warnungen von Google Maps kommen fast immer zu spät, um Sie aus dem Chaos wieder herauszuziehen, das hier vor 23 Uhr beständig herrscht.

Nach Jahren zunehmender Stau- und Frustszenarien wurde die Florida Interstate 2010 schließlich umgeleitet. Die beiden äußeren linken Fahrbahnen trennte man in beiden Richtungen mit Plastikbarrieren ab, um den Verkehrsfluss im Norden von Dade County zu sichern, wo die Situation sonst unerträglich ist.

Vom Autobahnkreuz Golden Glades bis nach Downtown stottert der Verkehr auf den regulären Spuren beachtliche Ewigkeiten lang; auf den Express Lanes jedoch steigt die Schadenfreude ins Unermessliche, sobald Sie an den Stoßstange an Stoßstange gedrängten Massen vorbeisausen. Auf dieser gefühlten Privatspur entlangzuflitzen, hat jedoch seinen Preis. Wenn es am vollsten ist, müssen Sie schon einmal mit sechs Dollar rechnen. Für geistige Gesundheit lässt sich kein Wert beziffern, aber wäre das möglich, läge er gewiss höher als die läppische Maut.

Wer sich auf die Express Lane begibt, gebe sich aber besser nicht gleich auch der Illusion hin, dass diese Plastikkegel den Verkehr davon abhalten werden, auf Ihre Spur zu wechseln. Je voller der Highway, desto verrückter werden die Manöver; bleiben Sie also stoisch und rechnen Sie mit allem. Noch besser: Besorgen Sie sich an der nächsten Tankstelle einen SunPass, jenen Transponder, der die elektronische Zahlung der Maut regelt. Sie werden ihn brauchen, selbst wenn es nur für eine Spritztour nach Georgia ist.

Adresse Die I-95 Express Lanes verlaufen vom Autobahnkreuz Golden Glades bis Downtown Miami. | **Tipp** Einen SunPass bekommen Sie an jeder Tankstelle der Stadt. Denken Sie jedoch daran, dass die Express Lanes von den Golden Glades direkt nach Downtown verlaufen – ohne Ausfahrten zwischendrin. Liegt Ihr Ziel also auf diesem Abschnitt, müssen Sie entweder umkehren, sobald Sie von der Express Route herunter sind, oder sich durch den dichten Verkehr mühen.

49__Die Jewel Box
Auffahrt zum Himmel

42 Jahre lang haben Bacardis Firmenbüros in Midtown Miami gelegen. Mittlerweile ist die allbekannte Spirituosenfirma nach Coral Gables umgezogen, ihr ehemaliger Sitz (mit Kultstatus) aber beherbergt nun die National YoungArts Foundation und bleibt Kronjuwel des Modern Architecture District. Die tropisch-floralen »azulejos« (blau-weiße Keramikkacheln mit Metallüberzug), die an den Seiten des sechsstöckigen Bacardi Tower hochlaufen, bilden abstrakte Darstellungen von heimischen Vögeln und Pflanzen.

In Auftrag gegeben wurden sie vom damaligen Bacardi-Präsidenten José »Pepin« Bosch und vom Exilkubaner Enrique Gutierrez 1964 umgesetzt. Fünf Jahre bevor Fidel Castro die Macht in Kuba an sich riss, wurde Bacardi USA gegründet.

Hinter dem höheren Hauptgebäude befindet sich ein kleinerer, rechteckiger Bau, zwei Stockwerke hoch und über einer riesigen Fledermaus aus Emaillefliesen auf dem Boden, dem Firmenlogo, auskragend. Bacardi ließ diesen schwebenden Würfel, den bunte »Tapeten« aus Buntglas schmücken, 1972 bauen. Die vom deutschen Künstler Johannes Dietz ausgeführte Arbeit symbolisiert den Herstellungsprozess von Rum – vom rohen Zuckerrohr bis zum fertigen Drink. Drinnen jedoch füllt sich das Design mit ganz neuem Leben.

An der Basis, im Schatten des Überhangs, gibt es einen Aufzug, der Sie zum ersten und zweiten Stock bringt. Die Türen öffnen sich – und ein Regenbogen aus Licht heißt Sie in Miamis geräumigem Schmuckkästchen willkommen. Die Sonne lässt die gläsernen Wände hell aufstrahlen; aus diesem Blickwinkel erinnert das Glasmosaik an ein Inselparadies in wildesten Farben. Gelb, Orange und Rubinrot tanzen wie in trunkener Trance mit Smaragdgrün und Saphirblau, als ob die untergehende Sonne und das tiefe Azur des Ozeans sich funkensprühend ineinander versenkten. Und inmitten dieses Nicht-so-ganz-Naturschauspiels steht staunend das Schmuckstück des Kastens – Sie.

Adresse 2100 Biscayne Boulevard, Miami, FL 33137 | **Tipp** La Provence (2200 Biscayne Boulevard), eins von Miamis besten französischen Cafés, liegt nur einen Block weiter nördlich den Biscayne Boulevard hoch. Nachdem Sie in allen Farben des Regenbogens von Bacardi Annex gebadet haben, schnappen Sie sich ein Croissant und entdecken Sie den Rest von Midtown Miami.

50 Der John Pennekamp Coral Reef State Park

Tierwelt unter Wasser

Pennekamp Park, wo das einzige lebende Korallenriff Nordamerikas seine Pracht entfaltet, wimmelt von marinem Leben – und das alles nur knapp fünf Kilometer von Key Largo gelegen. Das Schutzgebiet für Fische, Meeressäuger und Polypen beherbergt auch das Great Florida Reef, das drittgrößte Riffsystem der Welt. Das spektakuläre Schnorchelparadies zieht von kleinen Kindern bis zu Senioren alles magisch an, was eine kurze Bootsfahrt zu diesem veritablen Unterwasserzoo unternehmen möchte. Für Meeresbiologen und Fans der Fauna des Ozeans wird hier ein Traum wahr.

1963 wurde Pennekamp Park zum ersten Unterwasserpark überhaupt erklärt. Sein Namensgeber John D. Pennekamp, Herausgeber des »Miami Herald«, machte in den 1940er Jahren auch als Vorsitzender der Everglades National Park Commission von sich reden. Sosehr er sich um die Everglades kümmerte – noch mehr seiner Energie floss in die Mühen um die Anlage des Florida Coral Reef Preserve, als Antwort auf die hemmungslose Abernntung der Großen Fechterschnecke und der Korallen aus den Tiefen der umliegenden Gewässer. 1960, als Floridas Gouverneur Leroy Collins 200 Quadratkilometer Meeresboden zum Reservat erklärte, wurde dem Wunsch der Umweltschützer endlich entsprochen.

Die Dichte der Tierwelt, die diese Unterwasserwelt bevölkert, ist überwältigend. Mehr als 6.000 einzelne Riffs beleben das System, das durch Pennekamp Park und jenseits davon verläuft. Mehr als 1.000 Pflanzen- und Tierarten leben hier. Eine subaquatische Begegnung der anderen Art ist jedoch menschengemacht: Florida's Christ of the Abyss, der »Christus des Abgrunds«, eine Bronzestatue Jesu, die über sieben Meter tief nahe dem Riff steht, wird regelmäßig von Fischen wie großen, metallisch schimmernden Barrakudas bis zu kleinen Falterfischen umschwommen.

Adresse 102601 Overseas Highway, Key Largo, FL 33037, Tel. +1 305.451.6300, www.pennekamppark.com | **Öffnungszeiten** täglich 8–17 Uhr | **Tipp** Wer näher an der Stadt schnorcheln möchte, kann das leicht in der Biscayne Bay tun. Kleinere Korallenriffs mit oft spektakulären Unterwasseransichten gibt es auch außerhalb des Pennekamp Parks, nur 16 Kilometer von der Küste Miamis entfernt.

51 Key West Cemetery
Lach dich tot

Mitten in all den Verrücktheiten, die Key West ausmachen, liegt einer von Miamis kultigsten Friedhöfen inmitten von Old Town, umgeben von Bars, T-Shirt-Läden und Wohnhäusern. Auf einer Insel, die praktisch in Piña Coladas und Rum ertrinkt, würde man annehmen, dass der Friedhof von nachrangiger Bedeutung wäre. Weit gefehlt. Wie das Eiland selbst verfügt auch dieser Gottesacker über weit mehr Elan als die meisten anderen im Lande.

Innerhalb der schmiedeeisernen Tore werden Gräber und Mausoleen von Pfauensträuchern beschirmt. Angesichts seines hohen Grundwasserspiegels und der geringen Landmasse verlangt Key West für Erdbestattungen einen Aufpreis. Daher dominieren einzigartige oberirdische Grabfächer. So einzigartig die Gräber auch sein mögen, noch interessanter ist, wer in ihnen begraben liegt: Bürgerkriegssoldaten, kubanische Revolutionäre, Ernest Hemingways »Fishing Guide« oder »General« Abe Sawyer, ein Jahrmarkts-Liliputaner, der darauf bestand, in einem normal großen Sarg bestattet zu werden. B. P. Roberts, ein Hypochonder, wurde mit der Inschrift »Ich hab doch gesagt, dass ich krank bin!« verewigt. Ein anderer Grabstein in der Nähe verkündet: »Ich halte nur ein Schläfchen.« Haushähne laben sich an Kokosnüssen, die von den Palmen gekullert sind und die der Aufschlag auf einem der Grabsteine für sie geknackt hat. Leguane schnappen sich hier und da einen vorbeisirrenden Moskito-Snack.

Am eindrucksvollsten bringen Straßenkünstler, die die Duval Street säumen, den Geist von Key West auf den Punkt. Zu schmecken ist er am besten in einem gefrosteten Drink bei Fat Tuesdays; zu sehen bekommt man ihn in den Gesichtern derjenigen, die den Sonnenuntergang von Mallory Square aus bestaunen; zu riechen ist er am feinsten im Aroma der Key-West-Limetten, das von Kermit's Key West Lime Shoppe herüberweht. Und zu fühlen ist er am klarsten hier, wo die versammelte Exzentrikerschaft der Insel mehr oder weniger ruht.

Adresse 701 Passover Lane, Key West, FL 33040, Tel. +1 305.292.8177, www.friendsofthekeywestcemetery.com | **Öffnungszeiten** täglich 7–18 Uhr im Winter, 7–19 Uhr im Sommer | **Tipp** Key West ist für seine Skurrilitäten und den Gruselfaktor beinahe genauso berühmt wie für seine gefrosteten alkoholischen Drinks. Wer sich für das Übersinnliche interessiert, ist mit zahlreichen »Geistertouren« gut bedient, die in der ganzen Stadt angeboten werden.

52__Die Klos von Wood Tavern
Kunst um den Thron

Von der I-95 aus sieht Wynwood aus wie irgendetwas von einem R.-Crumb-Poster. Eingekeilt zwischen Little Haiti and Overtown erwartet Sie ein düsteres Märchen – durchtränkt von Sprühfarbe und gründlich verhext. Innerhalb seiner Grenzen ertrinkt alles in Graffiti und Tinte. Der epidemische Kult um die Spraydosenkunst geht ursprünglich von den zwei Wänden in der Mitte des Viertels aus und ist definitiv nicht aufzuhalten. Nicht einmal die Toiletten sind sicher vor ihr.

Wood Tavern macht da keine Ausnahme. Die Vibes in der örtlichen Szenekneipe sind so relaxt, dass sie öffentliche Kunst nicht nur akzeptieren, sondern sogar ermutigen. Nach den Tagesmühen, die es gekostet hat, eine der seltenen Blanko-Wände in Meisterwerke zu verwandeln, strömt die Jugend von Wynwood hier zusammen, um zu chillen. Craft India Pale Ales, belgische Biere und Porter stürzen durstige Kehlen hinab.

Nach ein paar Pints, wenn die Blase ruft, mag man sich von den exquisit verunstalteten Tischen erheben wollen – auf der Suche nach dem Örtchen. In einem schmuddeligen Flur, den Fässer mit dem Lebenssaft der Taverne säumen, trifft man auf eine Reihe von Türen, eine Art verschärfte Variante der Gameshow »Geh aufs Ganze!«. Statt eines brandneuen Autos oder einer Tüte mit Blumenerde warten hinter ihnen jedoch bezaubernde Unisex-Toiletten, deren Keramikanteil erstaunlich gepflegt ist. Die Show fahren nicht die Pinkelgelegenheiten selbst, sondern die Räume, in denen sie stehen – Mikrokosmen, lebende, atmende (wenngleich geruchsintensive) Ausstellungen öffentlicher Kunst. An den Wänden bilden sich ganze Schichten deregulierter Kreativität: Tags, Wandbilder, Sticker, einfach alles fürs kokette Klosett. Erleichtern Sie sich in einer spektakulären Reprise. Nachdem Sie ihr Geschäft verrichtet haben, bestellen Sie an der Theke ein paar weitere Runden von »Wynwood La Rubias« – und gehen Sie einmal mehr aufs Ganze.

Adresse 2531 NW 2nd Avenue, Miami, FL 33127, Tel. +1 305.748.2828, www.woodtavern.com | **Öffnungszeiten** Di–Sa 17–3 Uhr, So 15–23 Uhr | **Tipp** Nach ein paar Cocktails in Wood Tavern lohnt ein Spaziergang durch den Graffiti-Dschungel von Wynwood, dessen gesprühte Wandbilder das ganze Viertel durchziehen.

53___Die Knaus Berry Farm
Strawberry Fields Forever

Weniger als eine Stunde von Downtown gelegen, sind die Redlands doch eine Welt für sich. Hier gedeihen Mangobäume, Tomatenbeete, Orangenhaine und übertreffen in einer der wenigen noch landwirtschaftlich geprägten Gegenden South Floridas zahlenmäßig die Menschen. Wo Miami weiße Sandstrände und Apartmenttürme auffährt, haben die Redlands Frischobststände und Zuckerrohrfelder zu bieten. Derart weit südwestlich der Stadt ist es schwer zu erkennen, wo die Zivilisation aufhört und die Everglades beginnen.

In Dade County liegt auch das schwüle »Amish Country«. Vom Spätherbst bis zum mittleren Frühjahr legt Knaus Berry Farm einen gelungenen Spagat zwischen charmantem Vorposten der Zivilisation und Gourmetbäckerei hin. Für Unkundige ist der unscheinbare Anhänger auf dem Asphaltparkplatz leicht zu übersehen.

Betrieben wird der Laden von freundlichen Mennoniten. Im Angebot: frische Kornähren und ebenso tagesfrisch geerntete Tomaten. Bestellen Sie einen erfrischenden Blaubeer-Milkshake aus der Molkerei, um es der sengenden Sonne von South Dade zu zeigen. Weiter draußen füllt sich ein Erdbeerfeld zum Selberpflücken seit einem halben Jahrhundert mit Familien.

Der wirksamste Publikumsmagnet jedoch ist nicht die erlesenste Auswahl Floridas an Frischprodukten, das zeitlose Erdbeerfeld oder der Mennonitencharme. Die Bäckerei ist es – besonders die Zimtbrötchen –, die die Leute so magisch anzieht. Manchmal wartet die Kundschaft über eine halbe Stunde in der Schlange, die sich um die Ladenfassade, den Parkplatz und bis zur Straße windet. Während der Duft von Butter und Zimt stärker wird, wächst auch Ihre Hoffnung, eine Schachtel voll süßem Zucker-Nirvana zu erhaschen. Versenken Sie die Zähne in einem warmen Wecken, der selbst die trendigsten Bäckereien Manhattans alt aussehen lässt, aber rollen Sie nicht sonntags an, denn da ist geschlossen. An diesem Tag ruht auch der Herr.

Adresse 15980 SW 248th Street, Homestead, FL 33031, Tel. +1 305.247.0668, www.knausberryfarm.com | **Öffnungszeiten** Nov.–Mitte April Mo–Sa 8–17.30 Uhr | **Tipp** Auch einen Stopp wert ist Burr's Berry Farm (2741 SW 216th Street), zehn Minuten nordöstlich. Dort mag man Knaus' berühmte Zimtbrötchen nicht im Angebot haben, der Erdbeer-Shortcake jedoch lohnt die Sünde.

54 Lincoln Road Garage
Lage, Lage, Lage!

In South Beach einen Parkplatz auf der Straße zu finden kann zur Stilübung in ausgewachsenem Wahnsinn ausarten. Zum Glück aller Miamianer schafft da diese Garage Abhilfe, ein kühnes Stück Architektur, das nicht nur Ihrem Wagen Zuflucht bietet, sondern auch eine großartige Gelegenheit zum Shoppen und Essen ist, Blick auf Stadt und Meer inklusive; sogar wohnen kann man hier.

Es waren Jacques Herzog und Pierre de Meuron, dasselbe Team, das das Olympiastadion (aka »Vogelnest«) in Peking errichtete, das De Young Museum in San Francisco und auch Miamis Perez Art Museum, das dieses Vielzweck-Meisterwerk am Westende der Lincoln Road Mall entwarf. Vom Boden bis zum Dach tragen krumme Betonsäulen und -keile die Struktur und verleihen ihr eine gewisse Ähnlichkeit mit einem postmodernen Kartenhaus. Außenwände gibt es nicht, und keines der beiden Stockwerke ähnelt dem anderen. Der Neigungswinkel der Rampe variiert von sanft bis steil; so lassen sich auf jeder Etage die jeweiligen Wagenhöhen unterbringen, die die Garage anbietet. Eine Wendeltreppe windet sich durch die Mitte des leichtfüßigen Gebäudes.

Auf Straßenniveau finden Sie elf Shops und Restaurants. Im vierten Stock wurde ein gläsernes Ladenlokal zwischen die schwebenden Parkplätze gequetscht. Im sechsten Stock, einem offenen Raum mit zehn Meter hohen Decken und einem spektakulären Panoramablick auf South Beach, finden Events wie Yogakurse oder Weinverkostungen statt; auch wagemutige Privatleute können sich hier (ehelich) trauen. Im obersten Geschoss, in einer Art Loch im Garagendach, befindet sich ein über 460 Quadratmeter großes Haus; die hängenden Gärten baumeln bis zum Stockwerk darunter herab.

Das aufsehenerregende Design und das strikte Nützlichkeitsprinzip haben ihren Preis. Um Ihren Wagen auf einen der 300 Parkplätze zu stellen, werden Sie 20 Dollar aufwärts los. Wie sonst bei Immobilien gilt jedoch auch hier: Lage, Lage, Lage!

Adresse 1111 Lincoln Road, Miami Beach, FL 33139, www.1111lincolnroad.com | Tipp
Gönnen Sie sich ein altmodisches Südstaatenmenü mit modernem Dreh beim angesagten
Yardbird Café (1600 Lenox Avenue, Miami Beach). Die Grillhähnchen mit heißer Honig-
sauce schmecken außerirdisch.

55__Lock & Load
Für echte Ballermänner

Komiker Patton Oswalt beschrieb South Florida einmal als einen »rudimentären Sack, in dem Amerika sein Testosteron und seine Wut ablässt«. Das mag ein wenig überzogen sein, dennoch erhitzen sich die Gemüter in den langen, heißen Sommern tatsächlich recht heftig. Auf den Straßen und Highways etwa hupt und flucht es bis zum Anschlag. Und nicht nur dort. Hätte es auf dem Höhepunkt des Drogenhandels kein Gewaltproblem gegeben: South Florida wäre nicht die boomende Metropole, die sie heute ist.

Jene mit geballter Faust in der Tasche können ihren Frust sicher rauslassen – bei Lock & Load, einem einzigartigen Schießstand am Rand von Wynwoods Kunstviertel. Den Eingang säumen Tröge mit Patronenhülsen. In der Lobby strotzen die Böden und Wände von vollautomatischen Waffen inklusive Army-Hubschrauber, der von der Decke baumelt und einem das Gefühl vermittelt, man halte sich in einem Waffenlager des FBI auf.

Doch suchen Sie sich erst einmal die passende Knarre für Ihre aktuelle Gemütslage aus. Dabei hilft ein Blick auf die am Eingang angebotenen Pakete. Sie fühlen sich hinterhältig? Feuern Sie mit dem 007-Paket samt HK UMP und Glock-18-Maschinenpistole. Patriotisch? Wählen Sie das Special-Forces-USA-Paket und strecken Sie Ihre Ziele mit Schüssen aus einer FN Herstal SCAR nieder. Ihrem inneren Mafioso gönnen Sie am besten das Scarface-Paket und nieten feindliche Kartelle mit einer IMI Uzi um. Wenn Themenmassaker nicht so Ihr Ding sind, entscheiden Sie sich doch für die »Automatic Gratification« – die »automatische Genugtuung« aus den Schlündern zehn verschiedener Ballermänner erfolgt garantiert.

Obwohl viele sich lieber am Strand oder auf dem Land erholen, ist das Schützen-Eldorado für andere die ersehnte Katharsis. Nachdem Sie sich die Wut aus dem Bauch geschossen haben, werden Sie garantiert relaxter reagieren, wenn Sie demnächst wieder jemand auf der I-95 schneidet.

Adresse 2545 North Miami Avenue, Miami, FL 33127, Tel. +1 305.424.8999, www.lockandloadmiami.com | **Öffnungszeiten** Mo–Fr 12–20 Uhr, Sa 11–20 Uhr, So 11–18 Uhr | **Tipp** Balancieren Sie die Intensität der Schießübungen mit einem Besuch bei Art by God (60 NE 27th Street) aus – einem Geschäft voller Fossilien, Mineralien, Steine und anderer Naturschätze.

56 Locust Projects

Der Kunst-Inkubator

Am Nordrand von Wynwood Richtung Design District existiert außerhalb kommerzieller Galerien eine Probebühne für junge Künstler. Dort werden keine Ray-Ban-Zelte oder Bacardi-gesponserte Partys Ihren Sinn für Ästhetik trüben. Auch A-Prominenz lässt sich nicht blicken. Stattdessen begegnet Ihnen Kunst ohne Mätzchen: eine Verkaufsstelle für zeitgenössische Künstler, die die Freiheit haben, »mit neuen Ideen zu experimentieren, ohne dass ihnen der Verkaufsdruck im Nacken säße oder sie sich von der Begrenztheit konventioneller Ausstellungsräume einschränken lassen müssten«.

Wind unter die Segel bekam Locust Projects 1998, mehr als zehn Jahre bevor Immobilienmogul Tony Goldman Wynwood aufzumotzen begann. Die Idee stammte von drei Absolventen des Pratt Institute in Brooklyn, die Indie-Künstlern eine Plattform sichern wollten, um ortsabhängige Installationen zu zeigen. In den späten 1990ern war Miamis Kunstszene bestenfalls dürftig zu nennen, daher kam ein Lagerhaus im Textilviertel günstig. Die drei erwarben einen 325 Quadratmeter großen Raum zwischen einem Busdepot und einem abbruchreifen Grundstück gegenüber der Heilsarmee.

Über die Jahre setzten sie eine Reihe von Künstlern aus Miami in Szene, denen die Lagerhalle als Sprungbrett diente, so etwa Street-Artist TYPOE, visuelle und Performancekünstlerin Jillian Mayer oder den architektonisch ausgerichteten Daniel Arsham. Obwohl der Kunst-Inkubator 2009 in den Design District zog, gratwandert er noch immer zwischen Studio und Galerie. Jeden Monat (oder zweiten Monat) wird das gesamte Interieur umdekoriert – nach den Visionen eines neuen Künstlers. Manchmal liegt Ihnen die Kunst zu Füßen – in Form wilder Spritzer wie auf einem Gemälde von Jackson Pollocks. Dann wieder hängen Industrieventilatoren von der Decke, wobei orangefarbene Schleifchen von jedem Blatt baumeln. Anders als viele Galerien, die dem Trend hinterherhetzen, ticken die Uhren von Locust Projects in einer Zeit ihrer Wahl.

Adresse 3852 N Miami Avenue, Miami, FL 33127, Tel. +1 305.576.8570, www.locustprojects.org | **Öffnungszeiten** Di–Sa 10–17 Uhr | **Tipp** Ein weiterer besuchenswerter Brutkasten der Kunst wäre Swampspace (3841 NE 2nd Avenue), ein Ausstellungsort, der sich rühmt, sich »unverblümt, aber anspruchsvoll« zu geben.

57__Los Gallos

… an der Calle Ocho

In Kuba erfreuen sich Hähne einer ähnlichen Verehrung wie der Weißkopfseeadler in den USA. Jose Marti, kubanischer Schriftsteller des vorletzten Jahrhunderts, sicherte dem gemeinen Gockel seinen Platz in der Geschichte als Symbol für die Kraft, die in der Demut liegt. Für Marti sind Hähne subtile Mahner, sich Respekt nicht zu sichern, indem man den neuesten Trends folgt. So wie das Federvieh mit aufgeplusterter Brust umherschreitet, so soll auch der Mensch seinen ureigenen Weg gehen.

Zu Bedeutung gelangt ist das Symbol des Hahns im Sevilla des 16. Jahrhunderts, Ewigkeiten also, bevor Marti zum kubanischen Nationalhelden wurde. In der Gemeinde Moron de la Frontera lebte ein Lokalgouverneur, der sich rühmte, »der einzige stolze Hahn in Moron« zu sein. Ihm zufolge war wirklich niemand gockeliger. »Wo dieser Hahn kräht«, sagte er, »wagt es kein anderer.« Die guten Leute von Moron rächten sich an ihrem Unterdrücker, lynchten ihn und begründeten damit die Legende von Morons Hahn: »Zwing nur immer weiter dein Glück/wirst bald federlos sein und zerpflückt/so wie der Gockel von Moron/den bitter ereilte sein eigener Hohn.« Heute hockt die Statue eines solchen Kapauns, der reichlich Federn gelassen hat, gedemütigt auf dem Hauptplatz von Moron in Kuba.

In den Vorgärten von Miamis Little Havana sieht man viele Hühner herumspazieren. Los Gallos de la Calle Ocho – 1,80 Meter große bunte Skulpturen, die man auch vor vielen Gebäuden findet – sind entlang der Hauptdurchgangsstraße wie Heiligtümer aufgestellt.

Obwohl viele der Gallos Vandalismus zum Opfer gefallen sind, vertiefen diese Narben die Macht der Allegorie nur. Die Figuren selbst stützen sowohl die Interpretation Morons wie diejenige Martis. Ihre leuchtenden Farben stehen für Kubas Stolz und Bravado, doch unterhalb seines glorreichen Gefieders steht hier ein nackter, verschandelter, flugunfähiger Vogel. Erniedrigt, aber unabhängig.

Adresse an der Calle Ocho (SW 8th Street, Miami, FL 33135) verteilt, mit nennenswerten Statuen vor El Pub (1548 SW 8th Street) und Goodwill (982 SW 8th Street) | **Tipp** Das Goodwill an der Calle Ocho an der Kreuzung von SW 10th Avenue und SW 8th Street ist einer der eindrucksvolleren Goodwills des Landes. Der Mega-Discounter bietet eine ständig wechselnde Riesenauswahl an billigen Outfits und sonstigem Krimskrams.

58_ Lou La Vie

Der Star sind Sie

Hätten Hertz Rent-a-Car und das Museum of Modern Art eine Affäre, so wäre Lou La Vie ihr Wunschkind. In dieser glamourösen Garage sind die Wände genauso aufgebrezelt wie die Wagen. Es hängen vielfarbige Werke der Pop-Art herum, während den Boden des Showrooms automobile Meisterwerke schmücken – vom kraftstrotzenden Ferrari Scuderia bis zum Range Rover Sport Autobiography, komplett mit Satellitenradio und aktuellstem Navi. Jeder von ihnen kann Ihnen gehören – temporär. Einst sagte der Reise-Experte Anthony Bourdain über Miami: »Dies ist die eine Stadt, in der Sie auch in einem Auto nicht auffallen, das 20 Jahre zu jung für Sie ist.«

Mike Tyson mietet sich hier gern seine Karosse, ein perlweißer Rolls Royce Ghost gehört zu seinen Lieblingen. Nicht zu verwechseln mit dem weißen Rolls Royce Phantom, einem der Favoriten von Jamie Foxx. Als Justin Bieber wegen trunkener Raserei verhaftet wurde, saß er am Steuer eines gelben Lamborghini Gallardo. Just jener Sportwagen kann – je nach Budget – einen Tag oder eine Woche auch Ihnen gehören. Ein Rockstar müssen Sie dafür nicht sein; in einem Bugatti für mehrere Milliönchen fühlt man sich jedoch schon mal wie einer. Schnurren Sie an einem Sonntagnachmittag den Biscayne Boulevard entlang. Mit der Bucht im Osten und der Zivilisation im Westen ist dies die perfekte Route, um einige der grandiosesten Ausblicke abzuräumen, die Miami vom Autofenster aus zu bieten hat.

Kreuzen Sie im Schatten der Ikone Brickell und des Southeast Financial Center durch Downtown. Halten Sie auf die Bay zu und nehmen Sie die sehenswerte American Airlines Arena mit. Schwenken Sie nach Norden ins historische Viertel und bestaunen Sie jene moderne Architektur, die Miami in den 1950ern und 1960ern definierte. Sich durch die verstopften Straßen zu fädeln kann zwar nervig sein, doch selbst der schlimmste Stau wird bedeutungslos, wenn Sie im Cabrio Ihrer Träume sitzen.

Adresse 1444 Biscayne Boulevard, Suite 113, Miami, FL 33132, Tel. +1 305.974.1914, www.loulavie.com | **Öffnungszeiten** täglich 9 – 18 Uhr | **Tipp** Fahren Sie rüber zu Cena, dem Restaurant der sagenhaften Köchin Michelle Bernstein (6927 Biscayne Boulevard). Cena, was auf Latein »das wichtigste Mahl des Tages« bedeutet, bringt »nahbare, wenngleich experimentierfreudige« Gerichte auf den Tisch – wie etwa Rote-Beete-Sorghum-Risotto oder Cavatelli mit Ziegenkäse.

59__Mack's Fish Camp

Der letzte Gladesman

Ein Tor zu den Früchten der Everglades verbirgt sich an einer kleinen, staubigen Straße in der Nordwestecke von Dade County. Dabei ist ein authentisches Fischerdorf am Ufer eines der vielen Kanäle durch das Marschland schwer zu finden, sogar im Internet. Während Sie die entlegene Danell Lane entlangtuckern und gerade glauben, Sie hätten sich verfahren, erscheinen aus dem Nirgendwo eine Anglerhütte, ein Kramladen und ein Holzdock im Schatten einer Feige. Als eines der letzten familienbetriebenen Relikte der »urbanen« Everglades ist dies hier mehr als der übliche Sumpfbootstop. Seit den späten 1930ern betreibt die Familie Jones Mack's Fish Camp. Als Pioniere der Everglades wagten sie sich erstmals 1937 ins Feuchtgebiet vor, als Farmer Mack Jones senior westwärts vordrang, in ein Land, das Sauergras und Alligatoren beherrschten. »Meinen Urgroßvater hat es wegen der unerforschten Weite hergezogen«, sagt Marshall Jones.

Jones schnappte sich ein Stück vom Glück, pflanzte Blattkohl, Tomaten und anderes einheimisches Gemüse, bis er genug Geld beisammenhatte, um das Grundstück 1944 ordnungsgemäß zu erwerben. Dann machte er den Kramladen und die Anglerhütte auf. Seither wächst die Legende stetig, dient der Familie als Wohnsitz und neugierigen Besuchern auf der Suche nach einem Guckloch ins Leben eines Gladesman als Ziel.

Kinder schaukeln auf einem Seil, das von einem hohen Ast herabhängt, und springen in die trüben Fluten. »Woanders möchte ich nicht leben«, sagt Marshall. »Guckt euch nur mal meinen Hinterhof an!« Sneaky Pete, der Hausalligator, schwimmt für ein Leckerli heran – seine Belohnung dafür, dass er die Kinder verschont. Sumpfboote legen knatternd von den Holzdocks ab und spucken reichlich Matsch, während sie zu den Barschgründen vordringen. Steigen Sie ein, winken Sie Sneaky Pete zum Abschied und verbringen Sie einen Tag mit Reptilien, Angeln und dem Gefühl, in Urzeiten zu versinken.

Adresse Danell Lane, Hialeah, FL 33018, Tel. +1 888.611.5799, www.macksfishcamp.com |
Öffnungszeiten Mo–Fr 7–20 Uhr, Sa und So 6.30–21 Uhr | **Tipp** Ein Stück die Straße
hoch, im Südosten Broward Countys, liegt Everglades Holiday Park (21940 Griffin Road,
Fort Lauderdale, FL 33332), eine weniger teure, aber mehr tourimäßige Version von Mack's
Fish Camp. Hier wird die TV-Show »Gator Boys« gedreht; im Angebot sind Alligatoren-
Wrestling, Fahrten mit dem Sumpfboot und köstliche geröstete Alligatorenschwänze.

60__Mary's Coin Laundry

Mein wunderbarer Naschsalon

Der kubanische Einfluss in Miami überwältigt die Sinne. Die Ahnung von Zigarrenduft liegt überall in der Luft. Straßenschilder auf Spanisch stehen an nahezu jeder Kreuzung. Salsa aus offenen Autofenstern bildet den Soundtrack der Stadt. An der Ecke von 27th Avenue und 25th Terrace, am Rande von Coconut Grove, stoßen Sie gar auf einen unscheinbaren Waschsalon mit kubanischem Dreh. Der erste Hinweis darauf, dass es sich nicht um das gewöhnliche Münzmodell handelt, ist der Duftmix aus Waschmittel und Kaffee, der Sie begrüßt.

Nachdem Inhaber Victor Sanchez 1982 den Salon aufgemacht hatte, fiel dem Ex-Bauarbeiter und Schwiegersohn der namensgebenden Mary auf, dass junge Leute ihre Wäsche bevorzugt spätabends durch die Mangel drehten. Prompt fügte er ein Kioskfenster hinzu, und eine Legende nahm ihren Lauf.

Heute rattern und summen hier von morgens bis abends Waschmaschinen und Trockner neben Espressomaschinen und Mixern. Tagsüber bevölkern ältere Menschen die Reinigungsstätte und starren dem Verkehr nach, der konstant vorbeirast, während die Trommeln schleudern. Abends – und bis in die Puppen – kommt neben ein paar Schlaflosen die ausgelassene Jugend Miamis vorbei, greift sich nächtliche Happen oder schmeißt sogar eine Ladung ein. Polizisten, deren Schicht bis fünf Uhr morgens dauert, versorgen sich auf dem Heimweg mit »pastelito de guayaba« (mit Guave gefülltes Gebäck).

Obwohl hier eher selten Englisch gesprochen wird, werden Sie schon bekommen, was Sie möchten. Die Expressoption ist »café con leche«, starker kubanischer Kaffee mit Milch. Für Hungrige gibt es den Klassiker »medianoche« (kubanischer Sandwich mit Ei). Süßmäuler versuchen sich an einem »Mamey«-Milkshake (Frucht mit dem Aroma von mandeldurchtränkter Kürbis-Pie). Sollte Ihnen beim Genuss des »medianoche« Senf übers Hemd kleckern, werfen Sie es einfach in eine der Trommeln, bevor der Fleck sich festsetzen kann.

Adresse 2542 SW 27th Avenue, Miami, FL 33156, Tel. +1 305.443.6672 | **Öffnungszeiten** 24 Stunden am Tag | **Tipp** Um Ihren »café con leche« mit schöner Aussicht zu genießen, fahren Sie auf der 27th Avenue bis zum südlichen Ende und sehen Sie von Kenneth Myers Bayside Park aus den Booten zu.

61 Matheson Hammock

Der Anfängerstrand

Schwimmen ist eine Form der Körperbeherrschung, die viele Strandgänger South Floridas für selbstverständlich erachten. Wer sich jedoch dem offenen Meer noch nicht gewachsen fühlt oder kleine Kinder hat, versuche es mit diesem Wattstrand, auf dem noch ein jeder in Miami gelernt hat, sich über Wasser zu halten.

Fahren Sie durch den dunklen, kühlen Mangroventunnel, der zum seichten, donutförmigen Strand führt. Ein künstliches Atoll samt Tümpeln und schmaler Küstenlinie ist seit über 80 Jahren die inoffizielle Schwimmschule South Miamis: eine Art Brutkasten für Miamis jüngste Schwimmer, Babys und Kleinkinder, der Teich, in dem hilflosen Kaulquappen Beine wachsen, bevor sie die Schwänze abwerfen und zu Fröschen heranwachsen. Der Unterricht ist gratis; der Parkplatz nicht.

Wochentags wird der leere Lernstrand zu Ihrem persönlichen Paradies. Lassen Sie im Yachthafen des Parks Ihr Boot zu Wasser und düsen Sie aufs Meer hinaus. Mieten Sie sich Kajak oder Paddleboard von einem der Imbissstände. Sogar das Kiteboarden können Sie sich hier aneignen: Nehmen Sie die Meeresbrise an die Zügel und schreddern Sie das Wasser unter sich. Erklimmen Sie die Felsformationen, die den Flachwassertümpel vom Rest der Welt abtrennen. Oder machen Sie es sich bequem und strecken Sie sich im Sand aus, wobei Sie das Handtuch oder den Stuhl den ganzen Tag lang mit der Sonne wandern lassen können. Palmen umsäumen den Pool und beamen Sie auf eine gefühlte einsame Insel. In der Ferne schimmert Downtowns Skyline. Justieren Sie Ihren Blickwinkel so, dass die Stadt passgenau zwischen zwei Palmen zu liegen kommt. Postkarte pur!

Abrunden lässt sich der Tag Schwimmen und Sonnenbaden beim eleganten Red Fish Grill am Ufer des Wattstrandes. Schnappen Sie sich ein Corona und einen gegrillten Schnapper und sehen Sie den Himmel von Blau über Orange bis zu Dämmertönen verblassen. Unterricht beendet!

Adresse 9610 Old Cutler Road, Miami, FL 33156, Tel. +1 305.665.5475, www.miamidade.gov/parks/matheson-hammock.asp | **Öffnungszeiten** Sonnenauf- bis -untergang (Bürozeiten 8–17 Uhr) | **Tipp** Wenn Ihnen der Red Fish Grill zu teuer ist, empfiehlt sich der Sunset Drive westlich der Old Cutler Road. Dort finden Sie eine Reihe günstigerer, aber einzigartiger Restaurants wie Old Lisbon (5837 Sunset Drive, South Miami) oder Shula's 347 Grill (6915 Red Road, Coral Gables).

62 Das Mausoleum von Jackie Gleason

Und los geht's!

Miami ist frech, unverschämt und wird von vielen vergöttert, ganz ähnlich einer seiner ehemaligen Bürger, Jackie Gleason. Von Filmlegende Orson Welles »Great One« getauft, verbrachte Gleason einen Großteil seiner zweiten Lebenshälfte hier, unter anderem als inoffizieller Bürgermeister. Die »Jackie Gleason Show« sendete er »von Miami Beach, der Sonnen- und Spaß-Hauptstadt der Welt«, aus.

Die Inspiration für den späteren Cartoon-Höhlenmenschen Fred Flintstone, Gleasons Ralph Kramden aus »The Honeymooners«, war eine unverfroren dreiste und prahlerische Figur, die die Nation 1955 im Sturm eroberte. Gleason, vor und hinter den Kulissen schlagfertiger Showman von hohen Gnaden, wurde in weniger als einem Jahr, der gesamten Ausstrahlungsdauer der Show, zum Superstar. Unter den Protagonisten des neuen Mediums Fernsehen war er ein Koloss, und CBS ersann viele Wege, ihn auf dem Schirm präsent zu halten.

1964, nach 14 Jahren Mattscheibe, zog Gleason mit seinem Varietéprogramm, der »Jackie Gleason Show«, an seinen Wohnort Miami Beach. Gewissermaßen ein Angebot, das CBS nicht ablehnen konnte, denn mit seinen Quoten sendete Gleason jegliche Konkurrenz an die Wand. Bald sah sich Miami ins Rampenlicht geworfen; seine schmucke Küste zierte nun die Eröffnungssequenz, und der Entertainer beendete viele Folgen mit dem Satz: »Wie immer ist das Publikum in Miami Beach das großartigste Publikum der Welt!«

Bis heute ist Gleasons Erbe in Miami und an dessen Stränden zu entdecken. Seine Varietéstunde ging vom ehemaligen Miami Beach Auditorium aus on air, heute »The Fillmore Miami Beach at Jackie Gleason Theater«, Miamis bedeutendster Veranstaltungsort. Aktuell prunkt Gleasons weißes Marmormausoleum auf dem katholischen Friedhof Our Lady of Mercy alle anderen Gräber an die Wand – natürlich nicht ohne seine berühmte Catchphrase: »And away we go.«

"AND AWAY WE GO"

Adresse 11411 NW 25th Street, Miami, FL 33172, Tel. +1 305.592.0521 | **Öffnungs-zeiten** täglich 7 – 17.30 Uhr | **Tipp** Wenn die Leute aus Miami eines können, dann shoppen. Doral, das Friedhofsviertel, ist sehr vorstädtisch geprägt. Dennoch gibt es zwei bedeutende Shoppinggelegenheiten: Dolphin Mall und Miami International Mall. Die beliebtere Dolphin Mall (11401 NW 12th Street) ist ein riesiges Einkaufszentrum von über 90.000 Quadratmetern.

63__Das McAlpin Hotel

Supermodel des Art déco

Das Haus, das 1940 erbaut und von Lawrence Murray Dixon entworfen wurde, dessen andere Arbeiten das Temple House, das Raleigh Hotel oder das Dixon Hotel umfassen, ist der Inbegriff jener Art-déco-Architektur, die seit der Jahrhundertmitte South Beach definiert. Viele der Hotels hier wurden um diese Zeit errichtet, alle verziert mit geometrischen Motiven oder Sonnenstrahlen. In den Jahrzehnten darauf forderte die Vernachlässigung ihren Tribut, und neureiche Schönheiten verfielen zu windgepeitschten Klappergestellen.

1979 setzte man den Art Déco District von Miami Beach ins Nationalregister historischer Stätten; seither sind Dutzende Juwelen wie das McAlpin vollständig restauriert worden. Die Menschen von Miami – und irgendwann auch der Rest der Welt – nahmen plötzlich Notiz von diesem Schmuckkasten der Architektur; South Beach wandelte sich von der ruhigen Rentnergemeinde zum sexy Tummelplatz für die Reichen und Schönen.

In Pink, Weiß und Blaugrün schimmernd – Miamis allgegenwärtigem Farbschema –, ist die dreigeteilte Fassade mit den drei türkisfarbenen Vertikalbalken das Kernstück einer vollendet symmetrischen Außenansicht. Pinkfarbene Betonmarkisen, horizontale Balken und große Punkte heben den Dreizack makellos von der leuchtend hellen Grundierung ab. Drinnen, auf den Marmorböden der Lobby, setzt sich das Thema fort. Unter Fenstern mit Jalousien und über dem Eingang ergänzt das tiefgrüne McAlpin-Schild jene Palmen und Sträucher, die Ocean Drive säumen.

Am Morgen signalisiert der Sonnenaufgang das Ende einer wilden Nacht, während Partylöwen und -mäuse aus Nachtclubs wie LIV oder Story zu einigen der berühmtesten Hotels des Landes zurückstolpern. Um diese Zeit zieht im Colony, Carlyle, Cardozo oder Clevelander die Schickeria ihre Sonnenbrillen tiefer ins Gesicht. Und am Nordende von Lummus Park steht South Beachs schönstes Hotel da wie ein Supermodel unter Supermodels.

Adresse 1430 Ocean Drive, Miami Beach, FL 33139, Tel. +1 305.604.8225 | **Tipp** Fleisch-fresser frohlocket! BLT Steak (1440 Ocean Drive) liegt einen halben Block nördlich des McAlpin. Genießen Sie im Betsy Hotel eine erlesene Auswahl an Wagyū-Rindfleisch.

64__Das Mel Fisher Maritime Museum

Jäger der verlorenen Schätze

Anno 1622 war die »Nuestra Señora de Atocha« auf dem Weg zurück von Havanna nach Spanien, beladen mit edlen Steinen und Metallen aus Südamerika. So kostbar war die Fracht, dass es zwei Monate dauerte, die Schätze zu verstauen und das Inventar zu katalogisieren. Zum Unglück derjenigen an Bord pustete ein Hurrikan das Schiff in ein Riff nahe Dry Tortugas. Es sank 55 Kilometer von Key West entfernt. Über 350 Jahre später entdeckte Mel Fisher das Wrack und all die schönen Sachen, die nun wieder ans Licht kamen. Heute sind sie in diesem Museum zu bestaunen.

Fisher war ein indianischstämmiger Unterwasseringenieur, der in Kalifornien Hühner züchtete, um später auf den Florida Keys den Jäger der verlorenen Schätze zu geben. Mit Erfolg: Heute wird sein Vermögen auf Hunderte Millionen geschätzt. Ein vielsagender Querschnitt durch die großen Fänge des Abenteurers ist in den zwei Stockwerken des alten Flottenstützpunkts von Key West untergebracht.

In den Vitrinen funkeln aus dem Wrack der »Atocha« geborgene Weltklassesmaragde aus den Muzo-Minen in Kolumbien. Auch eine kleine Probe der 24 Tonnen Silber aus dem gleichen Schiff schimmert unter den Spots. Eisenketten von der »Henrietta Marie«, einem gesunkenen englischen Sklavenschiff, sind neben ihrer großen Bronzeglocke zu sehen – eine beklemmende Erinnerung an den globalen Menschenhandel während des 17. und 18. Jahrhunderts.

Bei gutem Wetter tauchte Fisher 16 Jahre lang beinahe täglich nach gesunkenen Preziosen. Vor jedem Entdeckertrip pflegte er auszurufen: »Heute ist es so weit!« Am 20. Juli 1985, nach einer atemlosen Suche nach der »Atocha«, empfing Fisher ein Radiosignal. »Legt die Karten weg! Wir haben die nächste Ladung!« In diesem Augenblick wurden Fishers Kindheitsträume, die entstanden, nachdem er Stevensons »Schatzinsel« gelesen hatte, wahr.

Adresse 200 Greene Street, Key West, FL 33040, Tel. +1 305.294.2633,
www.melfisher.org | **Öffnungszeiten** Mo–Fr 8.30–17 Uhr, Sa–So 9.30–17 Uhr | **Tipp**
Der Familie Fisher gehört ein weiteres Museum in Sebastian, an der nicht umsonst so
bezeichneten Treasure Coast (»Schatzküste«) von Florida. Zweieinhalb Stunden nördlich
von Miami gelegen, beherbergt Mel Fisher's Sebastian Museum noch mehr Ausstellungs-
stücke, die von der »Atocha« gerettet wurden.

65__Der Metromover

Von wegen eingleisig

Der Miami-Dade County Metromover – kostenlos, bequem, mit Klimaanlage und lohnenden Blicken auf Miami ausgestattet – bietet eine exzellente Möglichkeit, sich straßenverkehrsfrei durch Downtown zu bewegen. Vergessen Sie die Jagd nach dem unauffindbaren Parkplatz inmitten von Miamis am dichtesten bevölkerten Viertel. Der Metromover chauffiert Sie nahezu überallhin, ohne dass Sie Ihre Bremsen ruinieren müssten.

Die 1986 in Betrieb genommene Eingleisbahn ähnelt der Monorail von Disney World weit mehr als üblichem öffentlichen Nahverkehr. Wie ihr Gegenstück in Orlando ist sie eine tolle Gelegenheit, Stadtteile zu durchqueren. Die elektrischen Waggons gleiten über Brickell nach Downtown und weiter nach Omni nördlich des Miami River. Die Aussicht aus den Wagen ist spektakulär; Sie schweben über dem Straßenverkehr und durch Haltestellen innerhalb von Gebäuden hindurch. In nördlicher Richtung sind der Museum Park, der MacArthur Causeway und die türkisfarbene Biscayne Bay vom höchsten mobilen Blickwinkel der Stadt aus zu sehen.

Wer sich in der Nähe des Finanzdistrikts um Brickell aufhält, sollte sich einen Spaziergang durch einen der größten Asphaltdschungel des Landes gönnen. Stellen Sie sich unter das Zickzack-Dach des Southeast Financial Center, das sich über 230 Meter in den Himmel erhebt. Steigen Sie ein paar Haltestellen weiter bei Bayside aus und besuchen Sie das Perez Art Museum (siehe S. 90) und das Frost Museum of Science direkt an der Station Museum Park. Lohnend ist auch ein Abstecher zur New World School of the Arts, der Alma Mater von Glenn Howerton aus »It's Always Sunny in Philadelphia«.

Nachts räkelt sich die Burlesquetänzerin auf der Breitseite des 34 Stockwerke hohen InterContinental Hotels (siehe S. 210) direkt vor dem Halt Bayfront Park, und Brickells Bar- und Clubszene wummert im Blackbird Ordinary, nur zwei Blocks von der Haltestelle Eighth Street.

Adresse Downtown Miami; Karte der Haltestellen unter www.miamidade.gov/transit/
metromover-stations.asp | **Öffnungszeiten** täglich 5 – 0 Uhr | **Tipp** Der Metromover ist mit
Miamis Metrorail verbunden, der wiederum dem Flughafen angeschlossen ist. Möchten
Sie also vom Airport nach Downtown gelangen, ohne sich den Nervenstrapazen des
Straßenverkehrs auszusetzen, dann ist dies Ihr Weg.

66__Das Miami Auto Museum
Der größte Carport der Stadt

Zum Teufel mit Sun und Fun: Dank Immobilienmakler Michael Dezer finden Autofreaks in North Miami ihren sicheren Hafen mit Klimaanlage. Der Mann, der die Trump Towers sowie Trump Grande Ocean Resort and Residences baute, hegt auch eine Leidenschaft für spezielle Karossen. Verborgen zwischen Lagergebäuden und Fabriken, die einen Großteil des Viertels beherrschen, treffen Sie auf jenen Hort, den Dezer seinem Hobby gegeben hat. Hier stehen einige der coolsten Karren der Welt herum, und für jeden ist in diesem Motorenpalast etwas dabei.

Beginnen wir mit der Abteilung Klassiker, wo die Kollektion beräderter Vehikel Sie auf automobile Zeitreise mitnimmt. Die scharfen Kühlerlamellen eines alten Cadillacs zwängen sich zwischen einen Militärjeep des Zweiten Weltkriegs und einen alten französischen Peugeot. Entlang eines sich schlängelnden Weges entfaltet sich die Evolution der Zweiräder, vom Hochrad bis zum Vespa-Roller.

Der Hollywood-Flügel ist der bei Weitem beliebteste. Batmobile, von dunklen Rittern gefahren – Adam West bis Michael Keaton –, säumen den Eingang zu den motorisierten Memorabilien des Films. Bestaunen Sie den magischen Wagen aus »Tschitti Tschitti Bäng Bängs« finaler Punktlandung, fast 50 Jahre nach mühseligen Irrungen und Wirrungen durch Vulgaria. Sehen Sie sich den Fluxkompensator von Marty McFlys DeLorean an, dem gerade der Plutoniumsprit ausgegangen ist. Oder Scooby Doos Mystery Machine, John Waynes General Lee, John Travoltas Grease Lightning oder den Ecto-1 aus »Ghostbusters«.

Das Kronjuwel des Museums jedoch ist die James-Bond-Ausstellung. Glatte schwarze Kacheln auf dem Boden und gleißendes weißes Licht von oben bereiten die Bühne für den BMW aus »Der Morgen stirbt nie«, den Aston Martin aus »Goldfinger«, den waffenstarrenden Land Rover aus »Skyfall« und all die anderen Wagen, Boote, Flugzeuge und Schneemobile von 007, sämtlich auf Hochglanz poliert.

Adresse 2000 NE 146th Street, Miami, FL 33181, Tel. +1 305.354.7680, www.dezercollection.com | **Öffnungszeiten** täglich 10 – 18 Uhr | **Tipp** Werfen Sie alle Hemmungen ab und probieren Sie die Freikörperkultur an Haulovers Nacktstrand aus (10800 Collins Avenue, Miami Beach).

67__Miami Catamarans
Schnittig in der Gischt

Die warmen blauen Gewässer der Biscayne Bay sind Miamis Wassertummelplatz. Mega-Yachten, Segelschiffe, Rennboote und Jetskis gleiten unter Dammstraßen her auf den Atlantik hinaus und wieder zurück. Boote ziehen Wasserski, die im Kielwasser kickflippen, Parasailer, die über das Wasser schweben, Tubers, die durch die Wogen pflügen. Eine Fahrt mit dem Katamaran schließlich verbindet die besten aller aquatischen Welten und eignet sich zum Thrillen wie zum Chillen.

Ein Katamaran nimmt den Wind an die Zügel, um sich fortzubewegen, ist auf zwei schmalen, pontonartigen Rümpfen und mit dem Trampolin-Deck allerdings deutlich schneller als traditionelle Segelboote. Ist der Tag stürmisch, erreicht er weit über 30 Stundenkilometer.

Erfahrene Segler schnallen die Füße am Trampolin fest, ziehen das Segel eng an, um den Wind optimal zu nutzen, und fliegen ein »Hull«, lassen also ein Ponton aus dem Wasser ragen und legen sich schräg in die Kurve – in Winkeln von 45 bis 90 Grad. Ein rasanter Flirt mit dem Kentern, da sie nur den Körper als Gegengewicht einsetzen, um die hoch stehende Seite auszubalancieren.

Für nicht so Nervenstarke bietet auch eine Fahrt mit beiden Rümpfen fest im Meer eine wunderbar intime Begegnung mit der Biscayne Bay. Es geht schnell genug, um Sie flott zum Ziel zu bringen, aber doch ausreichend gemächlich, um die Panoramablicke von Brickells aufgetürmter Skyline bis zu Stiltvilles schwimmenden Häusern auf sich wirken zu lassen. Legen Sie sich auf das Trampolin mit dem Kopf direkt überm Wasser; gelegentlich trifft Sie ein erfrischender Spritzer ins Gesicht und erinnert Sie daran, wie nah Sie den Urgewalten sind. Schauen Sie auf und sehen Sie zu, wie das leuchtende Segel durch den Wind schneidet, Sie durch die Bucht und aufs offene Meer geleitet. Ein Regenbogen aus Farben ziert das steile Gefährt, während Sie in schnittiger Stille den Ozean kreuzen.

Adresse 3301 Rickenbacker Causeway, Miami, FL 33149, Tel. +1 305.345.4104, www.miamicatamarans.com | **Öffnungszeiten** täglich 10–19.30 Uhr | **Tipp** Wenn Sie das Meeresleben interessiert, schauen Sie sich das Miami Seaquarium an (4400 Rickenbacker Causeway), eine Institution Miamis seit 1955. Seekühe, Orcas, Delphine und anderes Meeresgetier erwarten Sie.

68__Der Miami Circle

Downtown der Vorzeit

In Downtown, wo der Miami River sich inmitten von Superteuer-Apartments, 150 Meter hohen Bürogebäuden und Fünf-Sterne-Restaurants in die Biscayne Bay ergießt, stoßen Sie auch auf Spuren einer uralten Siedlung – unberührt seit Jahrtausenden.

Noch immer gilt der Miami Circle als einzige prähistorische, von Menschen in die Felsen gehauene Struktur im Osten der USA. Irgendwann vor 1.000 bis 2.000 Jahren legte hier der Tequesta-Stamm, der South Florida seit dem 3. Jahrhundert vor Christus besiedelte, einen vollendeten Kreis an, von dem Archäologen annehmen, dass er die Fundamente eines »Ratsgebäudes« darstellt. Es scheint nach den vier Himmelsrichtungen und den Sternen ausgerichtet worden zu sein, ähnlich den britischen »Henges«. Die zentrale Siedlung der Tequesta lag vermutlich an der Mündung des Miami River, wo sich auch der Kreis befindet.

Nachdem 1998 in 401 Brickell Avenue ein Wohnkomplex abgerissen worden war, hatte man die vorgeschichtliche Anlage entdeckt. Die Forscher fanden eine Reihe von Pfostenlöchern, die in den oolithischen Sandstein gebohrt und in einem Kreis von elfeinhalb Metern Durchmesser angeordnet worden waren. Manche Experten glauben, die Löcher hätten Pfähle gehalten, die ein größeres Gebäude zeremonieller oder religiöser Art stützten. Artefakte wie ein Haiskelett, begraben in ost-westlicher Ausrichtung, ein vollständiger Meeresschildkrötenpanzer, Basaltäxte und menschliche Zähne wurden ebenso gefunden.

Der freie Luftraum über dem Miami Circle erzeugt eine spürbare Lücke in der Skyline. Der Kultbau Brickell, der von Pseudo-Moai gestützt wird, überragt den Kreis, der wohl älter ist als die echten Köpfe der Osterinseln. Nach Norden hin passieren die Boote Brickell Avenue Bridge in den Schatten einiger der höchsten Gebäude der Stadt. Im Süden pulsiert das Herz Downtowns. Im Osten schwappt das Meereswasser gegen die Tequesta-Siedlung wie schon Jahrtausende zuvor.

Adresse 401 Brickell Avenue, Miami, FL 33131 | **Tipp** Seltsamerweise wurde das Sun Life Stadium (347 Don Shula Drive) in Miami Gardens auf einem alten Begräbnisplatz des Tequesta-Stammes errichtet. Da es als Home Field sowohl der Miami Hurricanes als auch der Miami Dolphins dient, ist man versucht, die Existenz von bösen Geistern ernsthaft zu erwägen – wenn man die Teams bei ihren Bemühungen beobachtet, an alte Erfolge anzuknüpfen.

69___Miami Club Rum

Die Grundversorgung von South Beach

Miami schlägt die kulturelle Brücke zwischen Nord- und Südamerika und ertrinkt geradezu in Cocktails und gefrosteten Drinks. Wodka, Gin und Whiskey ergießen sich ungehemmt in ungezählten Bars und Nachtclubs von South Beach bis Doral, doch unter allen geistigen Getränken nimmt der Rum eine Sonderstellung ein. Seit Hunderten von Jahren sichern sich Kuba und andere lateinamerikanische Länder über Rumherstellung und -handel Wirtschaftsbeziehungen zu den USA.

Matthew Malones Verwandtschaft hatte bereits fünf Generationen lang in Mayaguez, Puerto Rico, Rum gebrannt. »Ich musste das Ding für meine Kinder am Laufen halten«, erklärt Malone, wie er 2012 dazu kam, die erste Rum-Destille Miamis zu gründen.

In seiner Brennerei in Wynwood hält Malone die jahrhundertealten, geheimen Rumrezepte der Familie zusammen: Die vier Gärungstanks namens Greta, Eva, Margaret und Rock Hudson sind mit Hefe und heimischem Rohrzucker gefüllt. Später wird der »Zuckerwein« zur alten Brennerei gebracht – liebevoll Sugar Lips genannt – und erhitzt. Die alkoholischen Dämpfe kochen durch das Metallrohr auf, kondensieren und werden in drei Teilen aufgefangen. »Kopf« und »Schwanz« sind minderwertige Nebenprodukte und werden für die weitere Destillation recycelt oder als Reinigungsmittel verwendet. Der verbleibende »corazon« wird in »musikdurchtränkte« Reifungsfässer gefüllt. Während der drei Monate, die der Rum dort lagert, wird er mit Salsa und Merengue beschallt. Laut Malone dient die Musik als Werkzeug, das »einen physischen wie metaphysischen Eindruck bei der Spirituose hinterlässt« und deren »Vibrationen die tieferen Geschmacksnoten aus dem Holz der Fässer lösen«.

Als Grundzutat jedes Cuba Libre ist Malones kristallklarer Rum, mit seinem warmen, buttrigen Aroma und dem geschmeidigen Abgang, der die 42 Promille nicht verrät, dabei, South Beach einzunehmen. Machen Sie eine Flasche auf. Hier spielt die Musik!

Adresse 2320 N Miami Avenue, Miami, FL 33127, Tel. +1 305.438.9994, www.miamiclubrum.com | **Öffnungszeiten** Führungen und Verkostungen nur nach Vereinbarung | **Tipp** Wer von Mitte bis Ende April in Miami ist, besuche doch das Rum Renaissance Festival am Miami Airport Convention Center (711 NW 72nd Avenue), wo man Hunderte verschiedener Rumsorten von internationalen Brennereien probieren kann.

70 Miami Jai-Alai

Das schnellste Spiel der Welt

Körperbeherrschung pur: Mit unglaublicher Geschwindigkeit wird die »pelota« (ein kleiner Lederball) aus der bananenförmigen »cesta« (einem Schläger aus Korbgeflecht) herauskatapultiert und prallt von der Vorderwand ab. Die acht Spieler ducken sich, weichen aus und gehen die Wände hoch, um den nächsten Schlag abzufangen, ohne vom Ball rasiert oder von anderen Spielern umgenietet zu werden. Während das Spiel fortschreitet, verringert sich deren Zahl auf dem »fronton« (Feld), bis ein Spieler oder Team die »Spectacular Seven Points« erreicht.

Einst war Jai Alai das Herz der Sport- und Wettszene Miamis. Das erste »fronton« in Florida öffnete 1924 auf dem Gelände der Rennbahn von Hialeah und zog zwei Jahre später zum gegenwärtigen Miami Jai-Alai. In den 1960ern und 1970ern drängten die Menschen in Scharen hierher, um den Abend bei Drinks, Glücksspiel und auf rauchgeschwängerten Tribünen zu verbringen und »das schnellste Spiel der Welt« zu verfolgen. Zu seiner Glanzzeit war der donnernde Schlag der »pelota« unhörbar; das Geschrei der Menge um Gewinne und Verluste übertönte das Spiel. Die Zuschauerzahl überstieg oft die 10.000. Heute schauen 100 oder 200 zu – an einem guten Tag.

Über die Jahre verdrängte die Popularität des Football Jai Alai als erste Sportattraktion der Stadt. Die Dolphins machten sich 1972, nach einer ungeschlagenen Saison, einen Namen, während die University of Miami Hurricanes in den frühen 1980ern zu nationalem Ruhm aufstieg.

Heute rollt der Rubel hauptsächlich im Casino des Sportpalastes, nicht auf dem »fronton«. Für die verbliebenen Fans jedoch ist das Drama auf dem Spielfeld auch nach 50 Jahren von ungebrochener Spannung. Noch immer riskieren die Konkurrenten Verletzungen, sobald der Ball losknallt. Während Sie auf den leeren Rängen sitzen, überkommt Sie das erhabene Gefühl, all diese Schnellfeuersalven würden allein für Sie gegen die Wände gedroschen.

Adresse 3500 NW 37th Avenue, Miami, FL 33142, Tel. +1 305.633.6400, www.casinomiamijaialai.com | **Öffnungszeiten** Mo–Fr 10–16 Uhr, Sa–So und Feiertage 24 Stunden | **Tipp** Dieses Viertel ist nicht gerade das sicherste der Stadt; kommen Sie besser tagsüber.

71 Das Miami Marine Stadium

Das schöne Schandmal

Auf einem heruntergekommenen Parkplatz am Rickenbacker Causeway liegt ein einsamer Megalith, ein verwildertes Betonphantom, das Besucher auf Virginia Key willkommen heißt.

Einst war das Stadion Event- und Konzertbühne mit Blick auf die Biscayne Bay. Von Bootsschauen bis zu Kundgebungen im Präsidentschaftswahlkampf, vom Florida Philharmonic Orchestra bis zu den etwas überrepräsentierten Jimmy-Buffet-Konzerten fand hier vieles statt. Mit der Zeit jedoch begann man die Anlage zu vernachlässigen. 1992 erklärte die Stadt, Hurrikan Andrew habe Schäden in Millionenhöhe verursacht, das Gebäude müsse geschlossen werden. In den 15 darauffolgenden Jahren trieben Vandalen und Straßenkünstler ihr Unwesen. Als jedoch die Wände vor Graffiti kaum noch zu erkennen waren, begann die Renaissance des verfallenden Schau-Baus.

Mit ihren Schmierereien machen die verschandelten Fassaden der Kartenverkaufsstellen Appetit auf das, was jenseits des Tunnels liegt, der zur Haupttribüne führt: Am Grund der verlassenen Ränge leckt das Wasser, während sich erstaunliche Mauerbilder über jede nur zugängliche Oberfläche legen. Gesprayte Mahnungen, Proteste, Obszönitäten und hirnloser Unsinn stehen nebeneinander und bilden dabei eine chaotische, aber atemberaubende Collage. Der Reiz liegt nicht nur in der schieren Anzahl der Graffiti, sondern auch in Variationsbreite und Dynamik. Das gesamte Gebäude hat sich in ein einziges interaktives Kunstwerk gewandelt. Bedeutende Street-Artists kreieren elaborierte Wandgemälde; bevor sie jedoch trocknen können, hat schon der nächste Amateur drübergesprüht. Beständig ist allein das Stadion.

Mittlerweile ist das schöne Schandmal treffende Metapher für die Wiedergeburt der Stadt. Einst das Ziel biederer Familienausflüge, hat sich die Anlage in einen zweckfreien Betrachter der Stadtgeschichte zurückentwickelt.

Adresse 3501 Rickenbacker Causeway, Key Biscayne, FL 33149 | **Öffnungszeiten** nicht öffentlich zugänglich | **Tipp** Nordwestlich des Stadiums, am westlichen Ende der Rickenbacker Causeway's High Bridge, liegt ein idyllischer kleiner Park, in den Sie hineinfahren können, um von dort einen großartigen Blick auf die Downtown-Skyline zu genießen. Meist verkauft ein Karren warme »arepas« (kolumbianische Maisfladen) und gekühlte Wasserflaschen.

72__Mitzi's Memorial

R.I.P. Flipper

Ein grauer Blitz unter der Wasseroberfläche hat sofort die Aufmerksamkeit des Publikums. Als er auftaucht, pustet der lächelnde Delphin durch sein Blasloch und schnattert quietschend, bevor er wieder abtaucht. Wird er erneut aus dem Wasser schießen und einen Purzelbaum in der Luft schlagen? Wird er sich auf die Fluke stellen und durch die Lagune düsen? Der archetypische Meeressäuger, der diese Kunststückchen in die Köpfe von Millionen Menschen weltweit brannte, lebte einst auf Grassy Key. Mitzi, besser bekannt als Flipper, der berühmteste Große Tümmler des Planeten, verbrachte ihren Lebensabend im heutigen Dolphin Research Center.

1958 wurde die Einrichtung als Santini's Porpoise School gegründet. Mitzi, erste Schülerin, bescherte dem Trainingszentrum nach ihrem herzerwärmenden Filmdebüt in »Flipper« 1963 – im zarten Alter von fünf Jahren – landesweiten Ruhm. Im Film wird Flipper versehentlich von einem Fischer aufgespießt und von Sandy Ricks (Schauspieler Luke Halpin) gerettet. Als Ausdruck ihrer Dankbarkeit entwickelt Flipper große Zuneigung zu Sandy, der zu ihrem besten Freund und Beschützer wird. Sind Haie in der Nähe, scheucht Flipper sie fort. Möchten Sandy und seine Freunde ein paar Tricks sehen, ist Flipper dabei.

Im Kielwasser des Riesenerfolgs von »Flipper« kamen Fans zu Santini's, um auf Mitzi zu »reiten« oder sich von ihr in einem kleinen Boot ziehen zu lassen. Von ihrer Filmkarriere zog sie sich 1964 nach dem Film »Neues Abenteuer mit Flipper« zurück. 1972 starb Mitzi im Alter von 14 Jahren an einem Herzinfarkt; ihr zu Ehren wurde dieses Denkmal errichtet.

Seit 1984 bemüht sich das Research Center darum, eine gesunde Atmosphäre sowohl für die menschlichen Besucher als auch die tierischen Bewohner zu schaffen, beste Pflege und Rehabilitation für Delphine und Robben zu bieten, die in der Wildnis nicht überleben können, während sie den Neugierigen als Lernerlebnis dienen. Dank Mitzi.

Adresse 58901 Overseas Highway, Grassy Key, FL 33050, Tel. +1 305.289.1121, www.dolphins.org | **Öffnungszeiten** täglich 9–16.30 Uhr | **Tipp** Besuchen Sie auch den nahe gelegenen Keys Cable Park (59300 Overseas Highway) in Marathon zum Wakeboarden. Whippen und flippen Sie auf einem gemieteten Wakeboard, der hipperen Alternative zu Wasserskiern.

73 Der Monkey Jungle

Die Verwandtschaft wirft Küsschen

Anders als in Zoos bewegen sich die Primaten in diesem Dschungel frei und beobachten, wie sich der Mensch in Käfigen durch ihr Territorium bewegt. In den frühen 1930ern entließ Behaviorist Joseph DuMond eine kleine Gruppe Javaneraffen in den South Florida Hammock im westlichen Dade County, um sie in simulierter Freiheit zu beobachten. In den folgenden 80 Jahren wuchs Monkey Jungle zu einem Regenwald-Reservat heran. Heute leben hier Hunderte von Affen, einschließlich vieler Nachfahren der Ur-Gruppe.

Besucher bewegen sich durch Maschendrahttunnel, während die Makaken und Totenkopfäffchen, die oben herumturnen, höflich an Ketten ziehen, die von der Decke herabhängen, um Futter zu erbitten. Sie können in eine Schüssel am Ende der Kette ein paar Rosinen fallen lassen, und der Affe wird sie fix reinholen. Woraufhin niedliche Babyäffchen prompt dasselbe versuchen und die Beschaffungsmethoden ihrer Eltern nachahmen. Nähert sich Ihnen ein streunendes Primatenkind mit ausgestreckter Hand, dürfen Sie ihm eine Nascherei durch das Gitter reichen und es dabei beobachten, wie es die süße Gabe vor Ihren Augen verputzt.

Andere Spezies wie die Mandrills mit ihren Technicolor-Gesichtern und die Weißhandgibbons leben abgetrennt, um Gewaltszenen zwischen den Arten zu vermeiden. May, die Orang-Utan-Dame, begrüßt Zuschauer von ihrer Höhle aus mit Händeklatschen und Wurfküsschen. King, der 45-jährige Silberrücken-Gorilla und Herr des Affendschungels, kippt eine Flasche Eistee herunter, kickt die leere Flasche in einen Recyclingbehälter und klopft sich stolz auf die Brust.

1992 wurde die fröhliche Kommune von Hurrikan Andrew verwüstet; Affenhorden durchstreiften die ländlichen Redlands südwestlich von Miamis Stadtzentrum und versorgten sich aus den Trümmern selbst. Den Wiederaufbau der beliebten Institution unterstützten die Floridianer liebevoll; seither hat sich der Park zur alten Pracht erholt.

Adresse 14805 Southwest 216th Street, Miami, FL 33170, Tel. +1 305.235.1611, www.monkeyjungle.com | **Öffnungszeiten** täglich 9.30–17 Uhr (die Kasse schließt um 16 Uhr) | **Tipp** Diese Gegend liegt in Miami-Dade County maximal abgelegen. Die Spritpreise sind niedrig; wer auftanken muss, tut es am besten hier.

74 Das National Key Deer Refuge

Bambi von der Insel

Auf den Florida Keys leben diverse Wildtierpopulationen. Die marine Fauna präsentiert sich artenreich – Tarpune, Delphine, Haie, Meeresschildkröten, der eine oder andere verirrte Alligator; die Apothekerskinke und Waldstörche, die südlich gewandert sind, nur am Rande zu erwähnen. Auch Landtiere sind vielfältig – vom Marschkaninchen bis zur gefährdeten Buschschwanzratte. Die speziellste Kreatur der Region jedoch ist der Key-Hirsch. Als kleinste Hirschart Nordamerikas (und weltweit kleinster Weißwedelhirsch) lebt er einzig auf Big Pine Key. So dicht ist die Insel von diesen winzigen Geweihträgern bevölkert, dass die Hauptdurchgangsstraße jenseits des Overseas Highway auch Key Deer Boulevard genannt wird. Sie führt zum Nordende des Eilands; auf dem Weg dorthin werden Ihnen viele Wildwechselschilder am Straßenrand begegnen. Oft brechen die Tiere urplötzlich aus den Büschen hervor; es ist daher absolut notwendig, langsam zu fahren, um Zusammenstöße zu vermeiden. Je weiter nördlich Sie gelangen, desto zahlreicher werden sie und desto aufmerksamer sollten Sie sein.

Wer Key Deers am Straßenrand erspäht, kann gern ranfahren und sich die Tierchen ansehen. Sie sind von der Größe eines mittleren bis großen Hundes, wiegen 60 Pfund und erreichen durchschnittlich etwa 60 Zentimeter Stockmaß. Neben ihrem Zwergwuchs unterscheidet sie auch ihr Wesen von anderen Hirscharten. Da sie in direkter Nachbarschaft zum Menschen leben, sind sie meist neugierig und freundlich. Stehen Sie neben einem solchen Insel-Bambi, wird es sich Ihnen ohne Zögern nähern, wohl in der Hoffnung auf einen Leckerbissen. Füttern allerdings darf man nicht, nur Streicheln ist erlaubt.

So zahlreich die Key Deers erscheinen mögen, man darf sich nicht täuschen: Sie sind ebenso gefährdet wie niedlich. Weniger als 1.000 Exemplare dieser großäugigen, x-beinigen Hirschlein gibt es weltweit – und sie leben alle hier.

Adresse Visitor Center, Key Deer Boulevard, Big Pine Key, FL 33043, Tel. +1 305.872.2239, www.fws.gov/nationalkeydeer | **Öffnungszeiten** Mo–Fr 9–16 Uhr | **Tipp** Während Sie sich erwachsenen Freuden hingeben, spricht nichts dagegen, im Boondock's in Ramrod Key, westlich von Big Pine Key gelegen, die Kindheit wiederaufleben zu lassen und mit einem Bier von der Bar in der Hand eine oder zwei Runden Minigolf zu spielen.

75_ Das News Cafe

Paradies zum Leutegucken

Im Herzen des Art Déco District, nur wenige Schritte vom Lummus Park im Osten und dem Colony Hotel im Süden entfernt, wimmeln im Schatten der dunkelgrünen Markise die Menschenmengen aus jeder Schicht von South Beach – Anwohner, Nachtschwärmer, Touristen – auf der Jagd nach dem kleinen Happen. Das babylonische Gemurmel aus simultanen Unterhaltungen auf Englisch, Spanisch, Französisch, Russisch, Chinesisch, Schwedisch, das Klirren der Gläser und die gelegentliche Taxihupe beherrschen ganztägig die Szenerie. Es sollte jedoch nicht das Essen sein, das Sie an einen der Tische im Freien lockt, sondern die Verheißungen des guten alten Leuteguckens. Schnappen Sie sich einen »Miami Herald« und lassen Sie sich zu einer der unterhaltsamsten Shows in Miami Beach nieder.

Während Horden von South Beachers in unverfälschter Glorie vorbeiparadieren, bleibt ein Ecktisch im News Cafe einfach der beste Platz. Ocean Drive, das ist der Laufsteg von Miami. Viele, die hier entlangschreiten, wirken eher wie Teilnehmer einer Castingshow als wie echte Menschen. Widmen Sie sich dem Sportteil Ihrer Zeitung, während Sie die interessantesten Gestalten der Stadt beäugen – von underdressed bis overdressed, bezaubernd bis schmuddelig, sonnenverbrannt bis Partnerlook, fesches Popöchen bis Fashion-Elite.

Nippen Sie an Ihrem Kaffee, während Sie heimlich die Gruppe platinblonder Skandinavierinnen mustern, die alle die gleichen strassbesetzten Yankee-Hüte tragen. Stellen Sie die Tasse ab, tun Sie so, als widmeten Sie sich wieder Seite eins, und begucken Sie sich das betrunkene Teeniepärchen, das völlig ungerührt über die Kreuzung torkelt und im rasenden Verkehr beinahe selbst zur nächsten Schlagzeile wird. Oder vergessen Sie jede Dezenz und starren Sie unverhohlen auf die zwischen bretternden Autos Einrad fahrende, feuerschluckende Jongleurin im Bikini (ernsthaft!). Merke aber: Sehen heißt auch Gesehenwerden ...

Adresse 800 Ocean Drive, Miami Beach, FL 33139, Tel. +1 305.538.6397, www.newscafe.com | **Öffnungszeiten** 24 Stunden am Tag | **Tipp** Laufen Sie den Ocean Drive südlich hinunter; zu sehen sind hier viele der berühmten Art-déco-Hotels Miamis. Starlite, Boulevard und Colony Hotel stehen hier eines nach dem anderen direkt gegenüber vom News Cafe.

76__Das O Cinema

Verwandlungen

In einem Viertel, das sich vor öffentlicher Kunst kaum retten kann, wird es eher knifflig, sie auch dort zu finden, wo sie sich im Gebäude ereignet statt an seinen Wänden. Zum Glück gibt es – zwischen einer kleinen Lagerhalle mit einer Filmproduktion und einem noch kleineren Einfamilienhaus – das O Cinema.

In einer Nachbarschaft, die stolz darauf ist, laut zu sein, geht es hier bewusst leise zu. Die Garagentür draußen ist zwar mit Graffiti besprüht, aber das will nicht mehr sein als eine Verneigung vor der Community. Das Innere des Kinos ist minimalistisch gehalten, schwarze Wände kontrastieren mit schlichten weißen Böden. Eine schmucklose Theke, dahinter eine Wand aus gestapelten Kisten voller Softdrinks begrüßt die Gäste bereits beim Schritt über die Schwelle. Vegane Muffins, Kekse und Müsliriegel nehmen den Platz von Standard-Sno-Caps und Gummibärchen ein. Der unvermeidliche Kinoduft entweicht einer kleinen Popcornmaschine an der Ecke der Theke und erfüllt die Lobby, wie es sich für Lichtspielhäuser gehört. Die Eckbereiche der Lobby sind für Arbeiten lokaler Künstler reserviert; im Flur, der zur hinteren Seite des Theaters führt, stoßen Sie auf eine weitere improvisierte Galerie von Klo-Größe. Nebenan finden Sie einen Lesebereich mit einer schrägen Auswahl von Titeln, von Bildbänden zur kubanischen Revolution über Judy Blumes »Superfudge« bis zu Kafkas »Die Verwandlung«.

Die Auswahl der Filme fällt ähnlich eklektisch aus, ähnlich den Programmen von Thalia oder Film Forum in New York City während der 1980er. Auf der Leinwand erflackert in der einen Woche Charlie Chaplins »Goldrausch« und in der nächsten der 80er-Kultklassiker »In einem Land vor unserer Zeit«. Hier sollte hingehen, wer oscarprämierte Kurzfilme liebt, Indie-Spielfilme oder Dokumentationen, die in Mainstream-Multiplexen nicht laufen. Einzigartig, wie dieses Haus der Kunst so viele Facetten unter einem Dach vereint.

Adresse 90 NW 29th Street, Miami, FL 33127, Tel. +1 305.571.9970, www.o-cinema.org |
Öffnungszeiten Mo–Fr 18–0 Uhr, Fr–Sa 14–0 Uhr | **Tipp** Nach dem Streifen im
O Cinema gibt es den Absacker im Electric Pickle (2826 N Miami Avenue). Der Music
Club samt Bar in Wynwood beschreibt sich selbst als »schnapsbefeuerte Liebesmaschine«.

77__Old Cutler Road

Feigenblätter fürs Paradies

Sie erstreckt sich von Coral Gables bis Cutler Bay, spendet mit ihrer üppigen Vegetation Schatten und bringt ersehnte Abwechslung in die Ödnis von Miamis eintönigen, verstopften Durchgangsstraßen.

In den Sommermonaten spreizen Feigen und Banyanbäume ihre stolzen Kronen auf, filtern und kühlen die sengend heißen Sonnenstrahlen. Getarnt unter all dem Laub liegen prächtige Häuser in jedem nur erdenklichen Stil, von efeubewachsenen, italienisch inspirierten Villen mit schmiedeeisernen Toren und Dächern aus Lehmziegeln bis zu schnittigen weißen Monolithen mit aquamarinfarbenen Fenstern. Maseratis und Ferraris zieren viele Einfahrten. Schilder an der Seite der Old Cutler Road bitten Sie weiterzufahren, statt zu halten und sich an der Pracht zu ergötzen. Trotz dieses Verbotes, das dazu dient, den Verkehr in Gang zu halten, werden Sie der Versuchung, hier und da seitlich ranzufahren, nicht widerstehen können. Zum Glück verlaufen durchgehende Radwege und Bürgersteige die Straße entlang; die Strecke abzuradeln ist ein Erlebnis für sich.

Die Straße selbst ist nach der einstigen Farmerstadt Cutler benannt, deren Namensgeber Dr. William Cutler war, ein Arzt aus Massachusetts, der sich im 19. Jahrhundert in die Gegend verliebte. Der sich schlängelnde Fahrweg folgte einem natürlichen Sandsteingrat entlang der Biscayne Bay. Mit der Zeit wurde die Straße immer weiter verbreitert, erst für Fuhrwerke, danach Kraftwagen.

Einige der pittoreskesten Parks und Gärten Miamis säumen diesen Streifen Asphalt. Die ruhigen Wasser von Matheson Hammock (siehe S. 130) lecken sanft am Ufer. Das majestätische Deering Estate (siehe S. 62) ragt in der Ferne auf. Tropische Gärten (siehe S. 206) locken Besucher an wie Hibiskusblüten Hummeln. Die dramatischste Gesamtübersicht über die luxuriösesten Anwesen und die dichtesten Baumkronen ist von Fairchild bis zum Kreisverkehr bei Cocoplum zu haben.

Adresse Old Cutler verläuft vom Cocoplum Circle in Coral Gables bis hinunter nach SW 216th Street in Cutler Bay | **Tipp** Nördlich des Beginns der Old Cutler Road liegt ein extrem exklusiver Garten versteckt in der Mitte von Coral Gables. »The Kampong« (4013 South Douglas Road, Miami), ehemaliges Haus des Botanikers David Fairchild, ist nur nach Absprache zu besichtigen.

78 Der Oleta River State Park
Ruderpartie in die Metropole

Inmitten der Ladenzeilen und weißen Strände von North Miami verläuft zwischen Mangroven ein idyllisches Flusstal. Hier, wo sich ein Ausläufer der Everglades in die Biscayne Bay ergießt, holen sich die Städter ihren Schuss Natur pur. Im Nordosten türmen sich die Hotels von Sunny Isles Beach; im Norden liegt die Shoppingmeile Bal Harbour. Auf der anderen Seite bevölkern Nackedeis und Drachenflieger Haulover Park.

Auf über 400 Hektar Wildnis erstreckt sich diese urbane Oase, die dazu einlädt, sonnenzubaden, in tropischem Buschwerk wandern zu gehen, Naturlehrpfade abzuradeln oder, besser noch, im Kajak bis in die nördliche Biscayne Bay zu rudern. Da der Oleta River nie verbreitert oder kanalisiert wurde, blieb er der einzige naturbelassene Fluss in Dade County. Das Meer aus Sauergras und Rohrkolben, das er durchfließt, bildet einen ironisch anmutenden Kontrast zur umgebenden Metropole. Mieten Sie Kanu, Kajak oder Paddleboard, um den Wasserläufen zu folgen, die sich durch die Mangroven schlängeln; starten Sie dabei am Nordende des Parks und rudern Sie südwärts. Das zunächst undurchdringliche Dickicht um die schmalen, mäandernden Bäche öffnet sich allmählich; Delphine tauchen aus den warmen, klaren Gewässern auf, während Miamis Skyline jenseits der Wipfel aufscheint.

Der Oleta River Park bietet sich als pittoreske Pause vom Stadtleben an, liegt aber dennoch in fußläufiger Entfernung von Miami. Kleine Boote und Fahrräder bilden den einzigen Verkehr. Genießen Sie Ihr Picknick in einem der Pavillons. Sie haben nichts zu essen dabei? Da hilft ein Kurztrip zum Publix-Supermarkt in der Collins Avenue. Verbringen Sie doch gleich mehrere Nächte für einen Bruchteil dessen, was Sie für eine Nacht im Fontainebleau berappen müssten, in einer primitiven, aber klimatisierten Blockhütte. Sie werden glatt vergessen, dass Sie inmitten einer der kosmopolitischsten Regionen der Welt nächtigen.

Adresse 3400 NE 163rd Street, North Miami, FL 33181, Tel. +1 305.919.1846, www.floridastateparks.org/park/Oleta-River | Öffnungszeiten täglich 8 Uhr – Sonnenuntergang | Tipp Zu jedem Vollmond formiert sich im North Shore Open Space Park in North Beach (A 1A und 85th Street) ein gigantischer Drumcircle, um das Mondereignis zu feiern.

79___Orion Herbs

Der Medizinmann

Im ersten Stock des Giller Buildings betreibt Orion Nevel Miami Beachs holistischen Hafen, seinen alternativen Ashram. Regale, die von Fläschchen und Elixieren überquellen, rahmen das kleine Büro ein. Zu Tode gestresst? Fragen Sie nach Lavendel-Öl-Tinktur. Bauchschmerzen? Fragen Sie nach »green superfood«. Noch immer nicht sicher? Fragen Sie Orion.

1982 gründeten Daniel Atchison-Nevel und seine Frau Jane eines der ersten ganzheitlichen Gesundheitszentren des Landes in Miami Beach. Es siedelten sich Dutzende von Dienstleistern – von Ärzten bis zu Energieheilern – in einer einzigen Praxis an. Dort gab es auch eine Diagnose-Einrichtung, in der sowohl nach medizinischen als auch nach alternativen Heilverfahren gearbeitet wurde. Hier, im Laden seiner Eltern, lernte Orion, der Schamane von Miami Beach, sein Geschäft.

Der fremdartige Duft von Baldrian, Anis, Sonnenhut, Triphala und Schlafbaum-Rinde wabert durch die Kräuterapotheke. Wer durch die knarrende Holztür und die dunkle Diele eintritt, hat Orions Shop direkt zur Linken. Drinnen erwartet man den Patienten mit natürlicher Medizin gegen nahezu jedes Zipperlein, von Sodbrennen bis Kopfschmerzen, Angst oder Abgeschlagenheit bis zu Erkältungen, Kratzern oder Brandwunden.

Gern weist Orion Ihnen Herkunft und Qualität der Kräuter und sonstigen Ingredienzien nach, die er verwendet. Selbst in die Anbauländer ist er gereist, um die Hersteller persönlich zu treffen. Die Produkte müssen zunächst einen strengen Qualitätstest bestehen, um ihre Heilkraft nachzuweisen. Lieferanten werden vom Gremium aus Fachleuten auf Herz und Nieren geprüft, neue Mittel auf die Patienten individuell zugeschnitten – ganz nach deren Reaktion auf bestimmte Zutaten. Wenn viele Patienten gut auf das Mittel ansprechen, präpariert Orion die Arznei im Haus selbst und bringt sie unter seinem Label »Orion Herbs« unters Volk.

Adresse 975 Arthur Godfrey Road, Suite 210, Miami Beach, FL 33140, Tel. +1 305.672.3901, www.orionherbs.com | **Öffnungszeiten** Mo, Mi und Fr 8.30–18.30 Uhr, Di und Do 10–16 Uhr | **Tipp** Fahren Sie auf der Arthur Godfrey Road nach Osten bis zu Capri (726 Arthur Godfrey Road), einem koscheren italienisch-japanischen Restaurant. Thunfisch-Tataki als Appetithäppchen und gerösteter Birnensalat als Vorspeise wären unsere Empfehlung.

80_ Panther Coffee

Geistesblitze to go

Inmitten von Wynwoods buntem Asphaltdschungel liegt dieser Ort zum gepflegten Abhängen bei Tag. Hier zeigt das brummende Kunst- und Design-Viertel, was es draufhat. Hipster aller Provenienzen vereinigen sich in dieser umfunktionierten Lagerhalle – eine von vielen hier –, komplett mit Hornbrillen, MacBooks, zerknitterten Hemden und hautengen Jeans.

Einst prangte an der Fassade ein Escher-inspiriertes, grün-rotes, dreidimensionales Schachbrett; nachdem das Mauerbild jedoch Vandalismus zum Opfer gefallen war, wurde die Ladenfront vollständig schwarz gestrichen. Ironischerweise lässt der Notbehelf das Haus inmitten bunter Nachbarn besonders kontrastreich hervorstechen.

Was jedoch den wirklichen Unterschied macht, ist Panthers überirdischer Kaffee. Auf Herkunft und Qualität der Bohnen achtet man hier penibel; sie werden in kleinen Mengen roh eingekauft und im Haus gemahlen. In diesem winzigen, lärmenden Koffeintempel scheint sich die gesamte Menschheit einzufinden; die Bestellschlange reicht durch das ganze Lokal. Wer beim Erreichen der Theke noch immer nicht weiß, was er eigentlich will, wird die kleine Karte am Klemmbrett überfliegen müssen, um den Menschen- und Kaffeefluss nicht aufzuhalten. Die Auswahl ist global, und mit keiner Entscheidung kann man wirklich etwas falsch machen. Plappern Sie einfach das Erstbeste daher, was gut klingt, zahlen Sie beim freundlichen Barista und warten Sie gemeinsam mit Ihren Kaffeegenossen vor dem Vintage-Röster hinten im Shop, bis laut Ihr Name ertönt.

Da freie Sitzgelegenheiten kaum auszumachen sein werden, stellen Sie sich der schwülen Hitze und trinken Sie Ihren Espresso auf der Terrasse. Der Hof mit seinen Betontischen und -bänken ist zur Brutstätte des Networkings und kreativer Schulterschlüsse avanciert. Lehnen Sie sich entspannt zurück und schauen Sie über einer dampfenden Tasse Cappuccino den Ideen beim Schlüpfen zu.

Adresse 2390 NW 2nd Avenue, Miami, FL 33127, Tel. +1 305.677.3952, www.panthercoffee.com | **Öffnungszeiten** Mo–Sa 7–21 Uhr, So 8–21 Uhr | **Tipp** Ein kurzer Spaziergang auf der NW 24th Street bringt Sie zu Gramps (176 NW 24th Street), einer Kneipe mit der erlösenden Ankündigung »Klimaanlage, kaltes Bier und Cocktails« vorn am Laden.

81 Perkys Fledermausturm

Batman und die Folgen

In der stehenden Hitze eines südfloridianischen Sommers kann die Moskitoplage unerträglich werden; die sirrenden, blutdurstigen Insekten vermehren sich epidemisch in den stillen, seichten Gewässern, die die Everglades bedecken und die Keys umgeben. In nahezu jeder Außenanlage, von Biergärten bis zu Campingplätzen, durchdringt der Geruch von Mückenspray und Zitronenölkerzen die Luft. So lästig die stechlustigen Viecher heute auch sein mögen, so unermesslich viel schlimmer muss die Heimsuchung vor dem Masseneinsatz von Insektiziden gewesen sein. Es heißt, damals hätten die Moskitos zuweilen so dichte Wolken gebildet, dass die Menschen sie hätten einatmen müssen – ganze Münder voll. Es gibt auch Berichte, nach denen über 350.000 Mücken in einer Nacht in nur eine Falle gegangen seien.

In den 1920ern kaufte Projektentwickler R. C. Perky Grundstücke auf den Keys einschließlich Sugarloaf Key. Perky war sich des Mückenproblems wohl bewusst, und er beschloss, das Übel zu bekämpfen. Nach der Lektüre von »Fledermäuse, Moskitos und Dollars« heuerte er den Schwammzüchter Fred Johnson an, um einen Turm zu bauen, in dem Fledermäuse angesiedelt werden konnten – die natürlichen Feinde der Mücken. Er wurde nach Anleitungen aus dem Buch errichtet, das ein Texaner namens Dr. Charles Campbell geschrieben hatte – der Erfinder des Fledermausquartiers. Perky importierte Hunderte Fledertiere aus Kuba und Texas und brachte sie in dem neun Meter hohen Turm mit Holzschindeln unter. Er erwarb sogar zu stolzen Preisen mit Pheromonen behafteten Fledermauskot, um weitere Hautflügler anzulocken. Zu Perkys Verdruss flogen die Kreaturen in der ersten Nacht aus und kehrten nie zurück.

Heute, auf der verfallenen, unausgeschilderten Bat Tower Road, steht der Tower noch immer hier wie anno 1929. Sein einziger Bewohner ist ein Fischadler, dessen Horst die Spitze des schönsten Vogelhauses der Florida Keys krönt.

Adresse 4 Bat Tower Road, Monroe County, FL 33042 | **Tipp** Während Sie auf Sugarloaf Key weilen – warum dann nicht gleich skydiven? Springen Sie von der Startbahn Sugarloaf ab (MM17, US 1) und segeln Sie mit dem Fallschirm Hunderte Meter tief bis zum sandigen Boden dort drunten.

82 Die Pinecrest Gardens

Im Zeichen der Hibiskusblüte

Vor Jahren herrschte im Eingangsbereich dieser Grünanlage fast ohrenbetäubender Lärm. Der Eingang, den Banyanbäume beschatteten, wimmelte von hyazinth- und hellroten Aras, die Besucher krächzend um Sonnenblumenkerne anschnorrten. Hinter diesem Begrüßungskomitee wartete Pinky, ein 60-jähriger Kakadu, der vor begeistertem Publikum auf einem Drahtseil Fahrrad fuhr. Im alten »Papageien-Dschungel« fuhr klar die Fauna die Show, während die Flora kaum mehr abgab als die oft übersehene Kulisse.

Nachdem die Tiere 2003 zu ihrem neuen Heim auf Watson Island gebracht worden waren, übernahm die Pflanzenwelt die große Bühne. Orchideen zündeten Blütenfeuerwerke, die Feigenkronen, die dem Park Schatten spendeten, sicherten sich ihren Platz im Rampenlicht, und alte Holzbrücken über von Farnen umwachsenen Bächlein hoben sich vom Untergrund ab.

Das kultige Schild, das seit gefühlten Ewigkeiten Besucher willkommen hieß, ist beinahe unverändert, wenn man davon absieht, dass heute statt »Parrot Jungle« »Pinecrest Gardens« draufsteht und die beiden gemalten Aras durch eine mindestens so phantastische Hibiskusblüte ersetzt wurden. Das Amphitheater existiert noch immer; ein neu hinzugekommener Streichelzoo nebst Spielplatz sorgt für eine familienfreundliche Atmosphäre. Checken Sie den Kalender der Website wegen Jazz-Performances, Veranstaltungen des Orchideenclubs und anderer Events. Botanische Führungen gibt es nach Absprache; an »Family Movie Nights« geht es auch mit der Taschenlampe durchs Gelände.

Seit seiner Zeit als Papageienvoliere hat der Park einen eleganten Schritt nach vorn unternommen. Die Wege mit Fliesensplitt-Mosaiken und Korallenzäunen führen zu einer Aussichtsterrasse und um eine tiefe Schlucht herum, die den wenigen frei lebenden Tieren Schutz bietet. Umgestürzte Bäume, Opfer vergangener Hurrikane, sind vollkommen überwachsen – eine wunderbare Metapher für das, was der Park einst war und was er heute ist.

Adresse 11000 S Red Road, Miami, FL 33156, Tel. +1 305.669.6990, www.pinecrest-fl.gov |
Öffnungszeiten Herbst und Winter Mo – Fr 10 – 17 Uhr, Sa und So 9 – 17 Uhr; Frühjahr
und Sommer Mo – Fr 10 – 18 Uhr, Sa und So 9 – 18 Uhr | **Tipp** Sonntags findet in Pinecrest
Gardens ein belebter Farmermarkt statt – ein Favorit der Einheimischen.

83 _ Das Postamt von Ochopee

Kleinstes Haus in der Pampa

Eine der entlegensten Gegenden Floridas ist nur durch ein Fädchen mit der Zivilisation verbunden. An der Südwestecke des Big Cypress National Preserve, mitten in Collier County, steht ein Ein-Raum-Gebäude verlassen neben dem Tamiami Trail. Eine US-Flagge flattert in den heißen Winden, die durch die Everglades fegen, und wirft einen Schatten auf die bescheidene weiße Hütte mit Metallvordach, einer historischen Plakette und zwei blauen Mailboxen. Einst ein Werkzeugschuppen, dient das kleinste Postamt der USA – oder eher Amerikas größter Briefkasten – heute der gemeindefreien Community von Ochopee, einer Stadt, deren menschliche Bevölkerungszahl unter jener der Alligatoren liegt.

Von diesem Post Office aus überblicken Sie Sauergrasprärie und sumpfiges Marschland, die sich in jede Richtung erstrecken, so weit das Auge reicht. Es ist kein Geheimnis, dass Ochopees Wurzeln in der Landwirtschaft liegen. In den 1920ern kaufte Unternehmer James Gaunt zehn dieser ungezähmten Hektar entlang des neu gebauten Tamiami Trails, um dort Tomaten anzubauen. Während der ersten Monate hausten er, seine Familie und die Angestellten in Militärzelten und kämpften Tag für Tag mit der Bruthitze und den nervtötenden Insekten der Everglades. Bald wurde eine Siedlung errichtet, und während Gaunts Unternehmen wuchs, wurde auch ein Postamt in den Firmenladen eingebaut. Das Haus hielt sich bis 1953, dann brannte eine Feuersbrunst neben anderen Gebäuden auch das Mini-Amt nieder. Zum Glück war der Postmeister so geistesgegenwärtig, die meisten Dokumente im Innern zu sichern.

Als am nächsten Tag die Post kam, gab es nur dummerweise keinen Ort mehr, an dem man sie unterbringen konnte. Der Postmeister improvisierte und funktionierte den Schuppen für die Bewässerungsanlage in ein Behelfsdepot um. Seit 60 Jahren nun empfängt Ochopee in dieser 2 mal 2,50 Meter großen Hütte seinen Brief- und Paketverkehr.

Adresse 38000 Tamiami Trail E, Ochopee, FL 34141 | **Öffnungszeiten** Mo–Fr 8–10 Uhr, 12–16 Uhr, Sa 10–11.30 Uhr | **Tipp** Sehenswert ist auch Monroe Station (50910 Tamiami Trail E), ein ehemaliger Rastplatz für müde Reisende der 1920er an der Kreuzung von Tamiami Trail und Loop Road. Das alte Holzgebäude ist absolut baufällig und daher komplett vernagelt. Doch auch nach multiplen Hurrikanen steht es noch immer.

84__Das Rathaus
… und die fliegenden Schiffe

In Miamis frühen Tagen war Dinner Key, eine kleine Insel in der Biscayne Bay, nur mit dem Boot zu erreichen. 1914 verband das Army Corps of Engineers sie mit dem Festland, indem man die umgebenden Gewässer auffülllte und so während des Ersten Weltkriegs ein Trainingsgelände für die US Navy schuf. In den 1930ern und 1940ern machte Pan American World Airways Dinner Key zur Hauptoperationsbasis. Mit ihren luxuriösen »Flying Clipper Ships«, riesigen metallisch glänzenden Propellermaschinen, die eine heutige Business Class einigermaßen beschämen würden, bildete die boomende Airline eine Brücke zwischen Nord- und Südamerika.

Mit richtigen Küchen, Schlafabteilen und Speiseräumen ausgestattet, konnten die schweren, rundbäuchigen Flieger vom Land abheben und auf der glatten See von Biscayne Bay landen. Ihre Beliebtheit rührte teils vom Mangel an tauglichen Rollbahnen in Südamerika und in Übersee her. 1943 legte sogar Präsident Franklin D. Roosevelt in Pan Ams »Dixie Clipper« einen Zwischenstopp auf Dinner Key ein, um nach Marokko weiterzufliegen, wo er bei der Casablanca-Konferenz Winston Churchill traf.

Mit der wachsenden Popularität von Landebahnen kam dann das Ende der fliegenden Schiffe. Nach dem letzten Start 1945 erwarb die Stadt Miami den größten Teil des Landes auf Dinner Key – einst Drehscheibe der Mehrzahl internationaler Flüge. Weniger als zehn Jahre später entschied die Stadt auch, das Art-déco-Terminal von Pan Am zu erhalten, indem sie es in die City Hall, das Rathaus, verwandelte. Heute beherbergen die alten Hangars der Wasserflugzeuge die Boote des massiven Yachthafen-Komplexes; sie sind dort festgemacht, wo einst die alten Clipper starteten. Am Ende einer langen Sackgasse ist auch das in der Sonne schimmernde Rathaus mit seinem klassischen Art-déco-Schriftzug zu sehen. »Miami City Hall«, steht stolz über dem Vordach – und spiegelt die blaue Farbe des Pan-Am-Logos.

Adresse 3500 Pan American Drive, Miami, FL 33133, Tel. +1 305.250.5400 | **Tipp** Neben dem Rathaus in der Dinner Key Marina finden Sie eines der preiswertesten Küstenrestaurants der Stadt. Bei Scotty's Landing (3381 Pan American Drive) kommen in zwangloser Atmosphäre leckerer Fisch und Meeresfrüchte auf den Tisch.

85_ Der Rickenbacker Causeway

Auf und der Sonne davon

Ziemlich platt ist diese Stadt – mit durchschnittlich 1,83 Metern über dem Meeresspiegel. Das türkisfarbene Meer schwappt auf den Sand, der vom Wind auf Parkplätze und Straßen geweht wird. Während der ausgedehnten Hundstage, die vom späten April bis zum frühen November reichen, ist die heiße, schwüle Luft von Sunny Isles Beach bis herunter nach Key West förmlich zum Schneiden. Einer gelegentlichen Meeresbrise, die Sie vage daran erinnert, dass das drückende Klima auch anders kann, kommt geradezu Erlösungscharakter zu. Doch selbst am stickigsten aller Tage bietet der Rickenbacker Causeway gesunden, ja kühlen Trost.

Als seit 1947 einzige Zufahrt nach Key Biscayne gab es den Causeway die ersten 40 Jahre lang in Gestalt einer Zugbrücke, die nach dem Kriegshelden und späteren Präsidenten der Eastern Airlines, Eddie Rickenbacker, benannt war. Die Straße bot leichten Zugang zu einigen der schönsten Strände Miamis. 1980, als ihre Beliebtheit stieg und stieg, wurde die Stelzenbrücke errichtet, die sich heute hier erhebt. Anders als bei MacArthur und Julia Tuttle Causeway fällt der Verkehr relativ gering aus. Es sind die frischen Winde, die von der Biscayne Bay im Süden herüberwehen, und der Blick auf die Skyline von Downtown im Norden, die diese Dammstraße zu einer Klasse für sich machen. Das Joggerparadies bietet Läufern abgetrennte Fußwege und eine lange, sichere und ununterbrochene Rennstrecke, während der steile Neigungswinkel zur Brücke die Eintönigkeit der Ebene durchbricht. Es ist der einzige Ort Miamis, an dem so etwas wie Bergläufe möglich sind.

Beginnen Sie den Tag, indem Sie einfach losjoggen – und zwar bei Sonnenaufgang zum Causeway, um Ihre kleine Ertüchtigung abzuschließen, bevor die ersten Sonnenstrahlen auf die Haut einpiksen. Um diese Zeit ist das Wetter auch meist am ruhigsten – wenn die Sonne den Horizont durchbricht und Brickells glitzernde Skyline erhellt.

Adresse 3301 Rickenbacker Causeway, Miami, FL 33149 | **Tipp** Nach dem Work-out sollten Sie sich belohnen. Beenden Sie Ihre morgendliche Joggingrunde bei Rusty Pelican (3201 Rickenbacker Causeway). Beim köstlichen Brunch an der Nordostspitze von Virginia Key haben Sie einen tollen Blick auf die Biscayne Bay.

86 __ Robbie's

Wo man Tarpune füttert

Der Fang eines Tarpuns auf hoher See ist für viele Amateurangler ein unvergessliches Erlebnis. Die massiven Fische springen ganz aus dem Wasser, schlagen dramatisch um sich, schießen in jede Richtung und geben dabei ihren metallischen Schimmer und ihre klaffenden Mäuler dem menschlichen Auge preis.

Robbies Legende begann 1976, als Robbie Reckwerdt einen Tarpun ausmachte, der im Flachwasser nahe seinen Docks in der Nordostecke von Lower Matecumbe hilflos herumzappelte. Dem Tier hatte es den rechten Teil seines Kiefers zerrissen, und Robbie beschloss, es zu retten. Also bat er seinen Kumpel, Doc Roach, seinen beflossten Freund wieder zusammenzuflicken – mit nichts als Matratzennadeln und etwas Zwirn. Die OP war ein Erfolg, und der nun »Scarface« getaufte Fisch war der erste von vielen Tarpunen, die aus dem Ozean zurückkehrten. Zunächst waren es nur Scarface und Freunde, die bei den Docks auftauchten, um den angebotenen Köderfisch zu verputzen. Die Nachricht vom neuen Delikatessenstand schien sich jedoch wie ein Lauffeuer in der Tarpun-Community zu verbreiten, und bald konnte Robbie sich vor schuppigem Andrang kaum retten. Seine alten Docks wurden als der Ort bekannt, »wo du den Tarpun fütterst«.

Schnappen Sie sich für nur drei Dollar einen Eimer Köderfisch, legen Sie sich auf das Dock, baumeln Sie mit dem Köder direkt über dem Schwarm Tarpune und sehen Sie zu, wie der Wahnsinn losbricht. Tunken Sie ein Stückchen ins Wasser, und die Tiere werden wie wild herumpeitschen. Halten Sie den Köder ein wenig über die Wasseroberfläche, und mindestens ein Fisch wird danach springen, Ihnen aus der bloßen Hand fressen und möglicherweise auch Ihren Arm verschlingen. Angst vor Bissen ist aber unangebracht, denn Tarpune sind praktisch zahnlos. Bei Robbie's können Sie Hunderte dieser Giganten knutschen, ohne sich auf offener See mit der Warterei auf das erste Zucken der Leine langweilen zu müssen.

Adresse 77522 Overseas Highway, Islamorada, FL 33036, Tel. +1 305.664.8070, www.robbies.com | **Öffnungszeiten** täglich 8–18 Uhr | **Tipp** Ein großartiger Ort zum Tarpun-Fischen ist das »blue water« bei Key West. Das meiste Gewässer um die Keys herum ist flach und blassblau in der Farbe. Ein paar Kilometer von der Küste entfernt senkt sich jedoch plötzlich der Meeresboden, und die Farbe wechselt von Türkis ins Dunkelblaue.

87__Robert is Here

Yes He Could

Eine halbe Stunde östlich der Brickell Avenue liegt eine Welt außerhalb der sonstigen Sphären Miamis. Kein Strand, keine exzentrische Skyline, keine pulsierende Hispanic-Kultur, kein omnipräsenter Glamour, keine Shoppingmalls, nicht einmal ein Walmart. Stattdessen dominieren die Redlands Felder, Früchte und Gemüse; Menschen sieht man kaum.

Die Geschichte seiner Farm begann 1959, als Robert Moehling Erstklässler war und Gurken aus der Ernte seines Vaters verkaufen sollte, an der Stelle, wo heute sein Obst- und Gemüse-Mekka liegt. Doch sosehr sich der Junge abmühte – kein Wagen hielt an. Daddy schloss scharf, der Sechsjährige sei zu klein, um an der Ecke überhaupt gesehen zu werden. Um die Sichtbarkeit zu erhöhen, bepinselte er ein riesiges Schild mit großen roten Buchstaben: »Robert is here«.

Am nächsten Tag zur Mittagszeit war der Junge alle Gurken losgeworden. Farmer in der Nähe sprangen auf das werbewirksame Trittbrett auf und versorgten Klein Robert mit Tomaten, Kürbissen und anderer Rohkost zum Verkauf. Als er neun Jahre alt war, lief das Geschäft so gut, dass Robert seinen ersten Mitarbeiter anheuerte, der den Stand betrieb, während er selbst zur Schule ging. Im zarten Alter von 14 Jahren betrieb er ein vier Hektar großes Avocadowäldchen und verkaufte sich dumm und dämlich.

Heute ist der alte Eckstand zu einem Walhalla der Frischkost expandiert. Anstelle eines handbeschrifteten Schildes jedoch ziehen sich gewaltige weiße Lettern über das Dach. Floridas Tropenfrucht-Magnat richtete sogar einen Laden mit einer Riesenauswahl an exklusiven Florida-Waren ein, von Orangenblütenhonig bis zu gedörrtem Alligator. Stetig spazieren Menschen die Regale entlang, suchen Fruchtbutter, altmodische Kokosplätzchen oder warten in der Schlange auf einen klasse Milkshake. 50 Jahre nach seinem Debüt schmeißt Moehling den Laden noch immer: »Robert is Here ist meine Kirche, seit ich sechs Jahre alt war. Jeden Sonntag. Jeden Tag.«

Adresse 19200 SW 344th Street, Homestead, FL 33034, Tel. +1 305.246.1592, www.robertishere.com | **Öffnungszeiten** Nov.–Labor Day täglich 8–19 Uhr | **Tipp** Während Sie in Homestead weilen, lohnt es sich, Everglades Outpost (35601 SW 192nd Avenue) zu besuchen, ein Rettungs- und Rehabilitationszentrum für heimische wie exotische Tiere. Leiter Bob Freer und seine Frau Barbara kümmern sich seit 1991 um Tiere wie Tiger und Florida-Panther bis hin zu Grizzlybären und Schlangen.

88__Robert the Doll

Der verfluchte Freund

In einer alten Festung der Nordstaaten lehnt eine gruselige Puppe samt Teddybär in ihrem Stuhl. Die Puppe von einem Meter Größe gehörte einst Robert Eugene Otto und gilt als verzaubert, im Besitz von mystischen Kräften, die ihr vielleicht einer der Voodoo praktizierenden Diener (von den West-Indies) der Familie Otto verliehen hatte. Robert, die Puppe mit Innenleben aus Holzwolle, starrt ausdruckslos aus ihrer Plexiglasvitrine hervor. Auf den ersten Blick wirkt sie harmlos; die Geschichten, die sie umranken, sind es weniger.

Die Legende beginnt mit Robert »Gene« Otto und einem Zimmermädchen von den Bahamas. 1904, als Gene noch klein war, hieß es, seine Eltern hätten das Hausmädchen wegen der Ausübung schwarzer Magie entlassen; bevor es aber ging, schenkte es Gene die verfluchte Puppe, um die Familie wegen der Misshandlung von Personal zu bestrafen. Bald benannte Robert seinen neuen »Freund« nach sich selbst, die beiden wurden unzertrennlich, obwohl es sich um keine besonders gelungene Beziehung handelte. Es gab Nächte, in denen ein schreiender Gene seine Familie weckte – und wenn sie herbeieilten, um nachzusehen, was los war, fanden sie sein Schlafzimmer in Unordnung vor. Jedes Mal behauptete das Kind: »Das war Robert!« Nach vielen solcher Vorfälle verbannten die Eltern die Puppe auf den Dachboden. Als sie das Haus verkauften, wurde es Robert der Puppe zunehmend langweilig. Mysteriöses Kichern soll aus Genes altem Zimmer gedrungen sein; einmal soll Robert sogar am Fußende eines Bettes gestanden und ein Messer geschwungen haben. Heute scheinen Roberts dunkle Kräfte nachgelassen zu haben. In seiner neuen Heimat in East Martello Tower ist das Einzige, worum er seine Bewunderer bittet, ihn um Erlaubnis zu fragen, bevor sie ihn ablichten. Beachten Sie auch die Wände rund um die Vitrine; hier haben viele arme Seelen, die es gewagt hatten, Robert ohne Erlaubnis zu knipsen, Entschuldigungsbriefe hinterlassen.

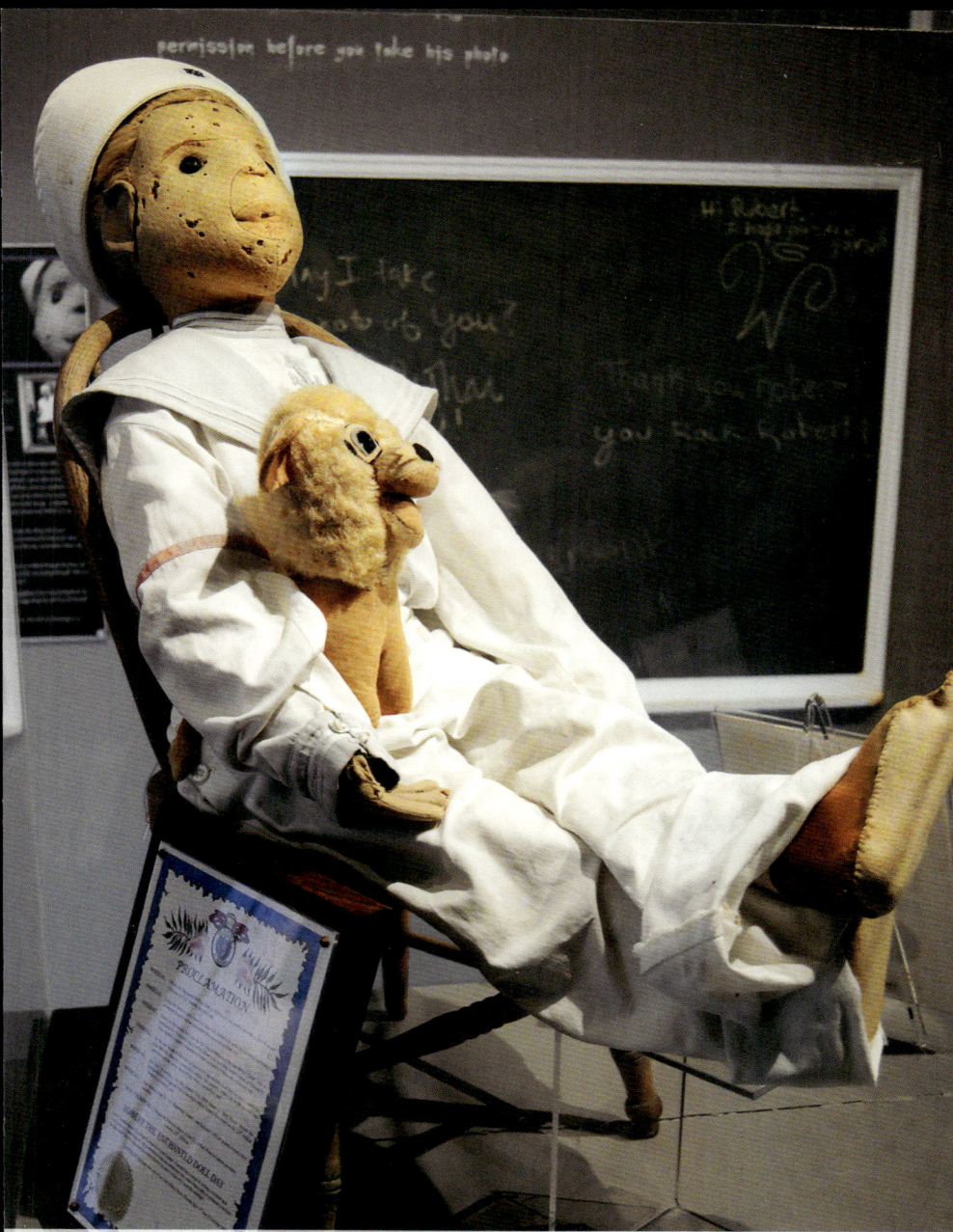

Adresse 3501 S Roosevelt Boulevard, Key West, FL 33040, Tel. +1 305.296.3913, www.kwahs.org/visit/fort-east-martello | **Öffnungszeiten** täglich 9.30–16.30 Uhr | **Tipp** Um Key West von Miami aus zu erreichen, empfiehlt sich eine Fahrt übers Wasser via Overseas Highway – oder ein Flug. Es ist ein kurzer Flug – weniger als eine Stunde –, und der Blick auf die Landschaft ist die ganze Strecke über atemberaubend. Organisieren Sie sich einen Fenstersitz und genießen Sie spektakuläre Blicke aus der Luft auf die Keys.

89_Schnebly Redland's Winery

Und keine Traube drin

Einige Blocks östlich der Everglades liegt in einem von Menschenhand geschaffenen Paradies voller Korallenstein und Koi-Teiche die südlichste Weinkellerei der Vereinigten Staaten. Trauben aber sucht man hier vergebens. Unter der prallen Sonne Floridas können an Weinreben nur extrem zähe, saure Seetrauben geerntet werden. Sie sind widerstandsfähig und reifen in den Dünen von Miamis Stränden. Einen trinkbaren Wein aus ihnen zu keltern grenzt ans Unmögliche. Glücklicherweise gibt es andere Früchte mit hohem Zuckergehalt wie Mangos und Guaven, die in einem heißen, schwülen Klima gut gedeihen. Und es hat auch noch jemand herausgefunden, wie man ihren Saft in Wein verwandelt – weit draußen in den Redlands.

Bevor es das Weingut gab, stand hier Peter und Denisse Schneblys Rohkostfirma Fresh King. Im Frühjahr 2003 kam deren Freund, der Sommelier Bill Wagner, in die Stadt und brütete Ideen aus, wie man aus den tropischen Früchten, die hier geerntet wurden, Wein gewinnen könne. Monate der Gärversuche und Experimente erlebte die Garage des Paars, um zu ermitteln, welche Sorten das beste Aroma ergaben. Im Herbst wurde die Weinkellerei gegründet.

Die Subtilität traditioneller Traubenweine mag fehlen; doch selbst skeptische Önophile sollten sich mit ihrem Urteil zurückhalten, bis sie den kühnen, frechen Charakter dieser exotischen Weine erlebt haben. Der sirupartige Litschiwein ähnelt einem Moscato oder Marsala – das perfekte trinkbare Dessert. Der Geschmack des Mangoweins erinnert an einen Trip in die Tropen – sanft und süß. Der Avocadowein riecht eigentümlich stechend, doch der nussige Abgang macht das mehr als wett. Der Passionsfruchtwein wiederum ähnelt geschmacklich den Warheads (Naschwerk), beginnt mit einem Sauer-Kick und verlässt die Kehle mit süßem, fruchtigem Finish. Der Duft des Guavenweins kitzelt gar in den Nasenlöchern.

Adresse 30205 SW 217th Avenue, Homestead, FL 33030, Tel. +1 305.242.1224,
www.schneblywinery.com | **Öffnungszeiten** Mo–Do 10–17 Uhr, Fr–Sa 10–23 Uhr,
So 12–17 Uhr | **Tipp** Die Weinkellerei beherbergt auch die Miami Brewing Company.
Schauen Sie sich unbedingt die Braufässer und Abfüllanlagen an; dazu vielleicht ein
Pint des Coconut Ale?

90__Shark Valley

Das Panorama der Everglades

Fern der gepflasterten Straßen und schimmernden Hochbauten von Downtown Miami beherrscht flaches, üppig bewachsenes Land das Sichtfeld. Schmuckzypressen wiegen sich sanft in der warmen Brise. Nadelkronen recken sich nach dem Horizont und wachsen aus dem feuchten Marschland zu schwindelerregenden Höhen heran. Shark Valley, das ist jene leichte Mulde an der Mündung von Shark River, dem Tor zu einem der Schutzgebiete mit der höchsten Biodiversität des Bundesstaates: die Florida Everglades.

Während der Trockenzeit besteht die Prärie aus gebackenem Sandstein; der Boden wirkt wie ein grauer »Baseball Diamond« (Teil des Spielfelds), der von Riedgräsern überwachsen ist. In der Regenzeit sickert das Flachwasser langsam durchs hohe Gras. Tropische grüne Dickichte entstehen so schnell wie Popcorn und halten sich an der leisesten Erhebung fest. Verzweigte Lorbeerbüsche verströmen ihren würzigen Duft. Dicke, buschige Weidenkätzchen umschaukeln wassergefüllte Sumpflöcher – kleinere Versionen von Erdkratern –, in denen der Alligator lebt, der Hüter der Everglades.

Je tiefer Sie in die Wildnis geraten, desto häufiger werden Sie Buschwerk und Alligatorenlöcher sehen. Das Land wird nasser, das Sauergras und die Rohrkolben dicker. In der Ferne wird diese dichte Biosphäre von einem Aussichtsturm überragt. 14 Meter schießt er in die Höhe wie Seattles Space Needle en miniature. Ein gewundener Weg führt Sie nach oben, wo das Panorama um Sie herum förmlich explodiert.

In der Weite des braungrünen Tieflands fühlt man sich als Besucher bedeutungslos, vollkommen wird man von der Ausdehnung urwüchsiger Flora und Fauna verschluckt. Amerikanische Graureiher fliegen in der Ferne, sammeln Nistmaterial. Die Alligatoren ein paar Stockwerke tiefer versammeln sich en masse, um während der Trockenzeit dem Sonnengott zu huldigen. Und dazwischen Mangroven. Menschen: keine.

Adresse 36000 SW 8th Street, Miami, FL 33194, Tel. +1 305.221.8455, www.sharkvalleytramtours.com | **Öffnungszeiten** täglich 8.30–18 Uhr | **Tipp** Fahren Sie entlang der Loop Road durch Ochopee und erleben Sie die Everglades von Ihrem Wagen aus – am wahrscheinlich einsamsten Straßenstreifen des Landes. Ungepflastert und ungepflegt, wie er ist, schlängelt er sich durch die Wildnis des alten Florida; es kriecht schon einmal ein Alligator über die Straße und windet sich durch verlassene, zugewachsene Siedlungen.

91___Shell World

Show der Schalentiere

Die Strände South Floridas abzuflanieren ist jedes Mal wieder eine neue Erfahrung, nicht nur wegen der an- und abschwellenden Gezeiten und der Sonne über dem Horizont. Manchmal bedeutet der Fund einer besonderen Muschel oder der eines Steins, den es auf den Sand gespült hat, eine interessante Wende in diesem ewig gleichen Spiel. Über eine kleine, im Erdbeersahne-Look pink und weiß gestreifte Kreiselmuschel zu stolpern etwa wird für eine greifbare Erinnerung an diesen Strandtag sorgen. Unglücklicherweise bedarf es der gezielten Jagd nach diesen Andenken; über 50 Jahre Umweltverschmutzung durch die Industrie haben zum Verschwinden einiger der schönsten und zuvor häufigen Arten geführt. Gehen Sie bei der Suche nach der perfekten Muschel leer aus, ist dies jedoch kein Grund zum Verzagen: Fahren Sie rüber zu Shell World.

Ob Sie nun ein Mitbringsel suchen, ein handwerkliches Projekt im Sinn haben oder nur einen ausgewachsenen Muschelfetisch pflegen: Richtig sind Sie hier in jedem Fall. Einheimische sieht man bei den alle Klischees bedienenden Souvenir-Ketten vor den Regalen mit Schlüsselanhängern und anderem Tand wie »Florida Keys Shirts« oder Schachteln mit Key-Lime-Kokosplätzchen zwar zugegebenermaßen kaum, aber dieser Ort heißt nicht grundlos Shell World statt Souvenir World.

Eimer, Tonnen und Regale vom Boden bis zur Decke stellen jedes nur erdenkliche Schalentier zur Schau. Nautilusmuscheln prunken mit orange-weißen Streifen wie Unterwasserlutscher. Riesige rosa Fechterschneckenhäuser warten auf einem Tisch darauf, dass Sie die Ohren dranhalten und dem Rauschen des Ozeans lauschen. Behälter mit perlmuttschimmernden Urzeitmuscheln glitzern unter den Leuchten, daneben Seesterne und Panzer von Pfeilschwanzkrebsen.

Zwischen den ost- und westwärts verlaufenden Fahrspuren der US 1 liegt das Sammlerparadies mitten auf Key Largo: Nehmen Sie ein Stück Keys mit nach Hause.

Adresse 97600 Overseas Highway, Key Largo, FL 33037, Tel. +1 305.852.8245,
www.shellworldflkeys.com | **Öffnungszeiten** täglich 9–20 Uhr | **Tipp** Wem der Trip an
die Südwestküste Floridas zu Sanibel Island nicht zu weit ist, der wird mit Stränden be-
lohnt, an denen die Zahl der Muscheln diejenige der Sandkörner zu übersteigen scheint.
Ein Anblick, der es in sich hat.

92__Skunk Ape Research Headquarters

Die Rückkehr des Yeti

So wie Bigfoot in den Wäldern des pazifischen Nordwestens lauert und der Yeti, der Schneemensch, den Himalaya durchstreift, so bespukt eine Bestie ähnlicher Couleur die Everglades. Der Skunk Ape (»Stinktier-Affe«) ist ein humanoider, aufrecht gehender Primat, der angeblich zum Himmel stinkt. Als Allesfresser ernährt er sich von der heimischen Flora und Fauna – von Mombinpflaumen und Mangrovenfarn bis zu Eidechsen und Wildschweinen.

In Ochopee ist der Skunk Ape mehr als nur urbane Legende; er hat gar sein eigenes Forschungszentrum, das sich clevererweise als Souvenirladen tarnt. Während seiner Jugendzeit kamen dem Skunk-Ape-Experten David Shealy viele Gerüchte zu Ohren; sie handelten von einer aufrecht stehenden, haarigen Kreatur, die duftete wie ein Skunk. Seit dem zehnten Lebensjahr widmet Shealy sein Leben dem Ziel, den schwer fasslichen Unhold zu stellen, sammelt Massen von Daten und Hinweisen. Nach Shealy leben zwischen sieben und zehn dieser Stinkaffen in den Everglades; drei bestätigte Sichtungen hat er bislang vorzuweisen. Männliche Exemplare erreichen über zwei Meter und wiegen 350 Pfund, während weibliche etwa 1,80 Meter messen und bis zu 250 Pfund wiegen.

Sollten Sie in Ochopee weilen, können auch Sie sich auf die Pirsch machen. Es heißt, ihr Habitat wechsle mit den Jahreszeiten. Im Frühherbst hielten sie sich in Palmetto-Hammocks auf und ernährten sich von Beeren, während sie im Winter nach Eicheln suchten. Die Paarungszeit liege im Sommer, wenn die Everglades überflutet sind; für eine erfolgreiche Sichtung wäre daher ein erhöhter Ausguck angeraten.

Leider sind die Chancen, eines dieser streng riechenden Tiere wirklich zu Gesicht zu bekommen, gering bis null. Da ist es doch tröstlich, dass in Collier County wenigstens altmodische Kryptozoologie gedeiht. In voller Sichtbarkeit.

Adresse 40904 Tamiami Trail East, Ochopee, FL 34141, Tel. +1 239.695.2275, www.skunkape.info | **Öffnungszeiten** täglich 7–18 Uhr | **Tipp** Wer einen Stinktier-Affen jagt, braucht ordentlich Verpflegung. Die bekommen Sie bei Joanie's Blue Crab Cafe (39395 Tamiami Trail E); auf den Tisch kommen traditionelle Speisen der Everglades. Probieren Sie die »Swamp Combo«, komplett mit Froschschenkeln und Gator-Nuggets.

93 Skyward Kites

Das Drachenmobil

Auf der Westseite der Collins Avenue in North Miami Beach weht eine kühle, salzige Brise über die bloßen Leiber überzeugter Freikörper-Fans an Haulovers Nacktbadestrand hinweg. Während die Realität des Anblicks gemessen an der Idee stark verliert, so bietet besagte Westseite eine weitere, nicht weniger bunte, wenngleich unschuldigere Form der Unterhaltung. Mit Palmen und Yachthafen als Kulisse flattert eine farbenfrohe Drachenschar hoch droben in den Lüften: Kindheits-Nostalgie pur.

Am Fuß des Hafenparkplatzes baumeln viele Drachen am inoffiziellen »Kite Mobile« Miamis. Inhaber Dan Ward eröffnete sein Drachenmobil vor mehr als 20 Jahren mit einem dreieinhalb Meter langen Anhänger. Viele seiner Kunden waren schon als Kinder hier und kommen nun mit ihren eigenen, um sich beim simplen »Unplugged«-Vergnügen auszutoben. Mittlerweile ist der alte Trailer durch einen achteinhalb Meter langen ersetzt worden, Zeltdächer und eine gigantische Auswahl an Drachen und Windsäcken zur Miete oder zum Kauf lassen ihn als Spaßpalast erscheinen.

Die Drachen rangieren von der Größe eines Laptops bis zur Größe von Hängegleitern, die alle darauf warten, dass jemand mit ihnen abhebt. In der Luft tummelt sich alles von Nationalsymbolen bis zu exotischen Phantasiegebilden. US-Flaggen steigen neben den schwarz-grünen der US Army auf. Tintenfisch-Tentakel greifen nach der Brise und entgehen nur knapp dem Zusammenstoß mit rot-gelben chinesischen Drachen, deren lange Schwänze im Wind tanzen.

Ein riesiger Rasen steht allen offen und lässt viel Raum für den Anlauf. Nehmen Sie den Drachen beim mittleren Balken, rennen Sie gegen den Wind, lassen Sie los und sehen Sie zu, wie er abgeht. Lassen Sie die Leine von der Spule rollen und werden Sie Teil des Netzes aus weißen Schnüren, die am Himmel zickzack fliegen. Tollen Sie übers Feld, entlassen Sie Ihre Sorgen in die Atmosphäre – aber halten Sie Ihren Drachen fest!

Adresse Skyward Kites, Haulover Park, 10800 Collins Avenue, Miami Beach, FL 33154, Tel. +1 305.893.0906, www.skywardkites.com | **Öffnungszeiten** täglich 10 Uhr – Sonnenuntergang | **Tipp** Fahren Sie die Collins Avenue (A 1A) bis zum Pier Park (18070 Collins Avenue) hoch, wo Sie einen der beiden einzigen Piers in Dade County finden. Für fünf Dollar können Sie angeln gehen, Sie können aber auch einfach bei einem Drink an der Beach Bar oder am benachbarten Strand relaxen.

94__Der Sonnenaufgang ...

... im Crandon Park

New York, die Stadt, die niemals schläft, hat in Miami eine echte Leidensgenossin: den Pendelverkehr zu den Bürotürmen von Brickell Avenue in der Rushhour. Little Havanas früh aufheulende Motoren, befeuert von süßem »café«. Tags Touristenströme in South Beach und nachts die Partygänger, die nicht aufhören zu feiern, bis um fünf die Clubs schließen. Nur im Zeitfenster zwischen Sperrstunde und Morgenröte hält die Stadt inne und atmet durch.

Teuer ist er nicht, so ein Sonnenaufgang. Mit seiner einmalig pittoresken Lage an der Ostküste bietet Miami zahllose Aussichtspunkte, von denen aus sich das Spektakel beobachten lässt. Für den ultimativen Platz in der ersten Reihe jedoch empfiehlt sich diese tropische Oase. Vor der Dämmerung erscheinen die Strände unberührt; über Nacht hat das Meer alle Menschenspuren fortgewaschen. Bringen Sie Decke und Thermoskanne mit und machen Sie sich gefasst auf die Show.

Im Zeitraffer erscheint ein Glühen, so rot wie der flammende Basketball der Miami Heats, erhebt sich über den Ozean, erfasst die Palmen am Ufer. Der Himmel über dem Horizont malt seine Violett-, Rot-, Orange- und Blautöne auf das milchige Wasser, das in nahezu vollkommener Stille am weichsten Sand der Biscayne Bay leckt. Woraufhin im Zusammenspiel von Licht und steigender Flut das Orchester der Aurora seine Instrumente stimmt. Das Lied geht in die ersten Takte, der Himmel färbt sich pastellen, während allmählich das Sonnenlicht durchbricht. Das Tempo zieht an, das Meer wird rastloser, rollt aus seinem nächtlichen Bett auf die Strände. Das Crescendo baut sich auf, schließlich setzt der Feuerball das Wasser in Flammen. Rot, Orange und Gelb schimmern auf der See, während die Sonne ihre Strahlen schickt wie ein langes Gähnen.

Die Clubber von South Beach fallen endgültig ins Koma, die Arbeitswelt von Downtown erwacht, und die Temperaturen steigen – ganz wie die Lebensgeister.

Adresse 6747 Crandon Boulevard, Key Biscayne, FL 33149, Tel. +1 305.361.5421, www.miamidade.gov/parks/crandon.asp | **Öffnungszeiten** täglich Sonnenauf- bis -untergang | **Tipp** So belebend wie der Sonnenaufgang über dem Atlantik, so entspannend ist der Sonnenuntergang im Golf von Mexiko. Sichern Sie sich beides: Fahren Sie nach Sonnenaufgang los nach Key West, um das Sunset Festival am Mallory Square (400 Wall Street) an der Nordwestecke von Key West zu sehen.

95 Der South Pointe Park

Sittin' on the Dock of the Bay

Je weiter Sie in Miami Beach nach Süden gelangen, desto temperamentvoller geht es zu. Im Norden zieht Haulover Beach Nudisten an, die an der nahtfreien Bräune arbeiten. Die Luxusshops in Bal Harbour locken wohlhabende Kundschaft aus aller Welt an, während weiter südlich die chassidischen Viertel an der Arthur Godfrey Road einzigartige koschere Küche bieten – wie etwa den parven Chili-Käse-Hotdog im House of Dog. Die 24th Street markiert die Nordgrenze von South Beach, und der Übergang ist abrupt. Plötzlich stehen überall Art-déco-Gebäude; Hotels und Nachtclubs wie das Clevelander oder Story beleben die Gehwege. An der Südspitze von Miami Beach jedoch hört alle Geschäftigkeit auf.

Während die meisten Fußgänger sich Schulter an Schulter durch den Ocean Drive und Lummus Park schieben, liegt ein ruhigerer Erholungsort nur ein paar Blocks entfernt. Der 1979 eröffnete South Pointe Park wurde 2009 von Hargreaves Associates, in San Francisco ansässigen Landschaftsarchitekten, generalüberholt und in ein Meisterwerk der Stadtplanung verwandelt.

Während der Lummus Park ein Ort ist, an dem man gesehen wird, ist der South Pointe Park einer, an dem man sieht. Schon beim Eintreten ist das hypermoderne Design augenfällig. Eine Promenade entlang Government Cut, gesäumt von Laternenpfählen aus gebürstetem Chrom, bietet einen einzigartig nahen Blick auf jedes nur erdenkliche Boot, das durch den Meeresarm segelt oder tuckert. Sich schlängelnde Gehwege auf einem Hügel im Zentrum führen zu einem extraschicken Amphitheater samt spektakulärem Panorama, das von den Stränden des Art Déco Districts bis zu den Docks des Port of Miami reicht, alle von (hier seltener) erhöhter Warte aus zu sehen. Der neue, 75 Meter lange Pier springt in den Atlantik vor und akzentuiert Miami Beachs östliche Uferlinie. Von Sonnenaufbis -untergang der perfekte Ort, um die Leine zu werfen oder sich tolle Ausblicke zu angeln.

Adresse 1 Washington Avenue, Miami Beach, FL 33139, Tel. +1 305.673.7730, www.miamibeachfl.gov/parksandrecreation/scroll.aspx?id=57993 | Öffnungszeiten täglich Sonnenaufgang–22 Uhr | Tipp Eines der besten Steakhäuser der USA, Smith and Wollensky (1 Washington Avenue), liegt auf dem Grundstück von South Pointe Park. Genießen Sie Ihr Steak im Freien und sehen Sie den Schiffen zu, wie sie in den Hafen hineinfahren und ihn wieder verlassen.

96__Der Steinkahn von Vizcaya

Meerjungfrauen und Partynixen

Vizcaya, James Deerings einstiges Anwesen in Coconut Drive, heute Museumsvilla, gilt als das Versailles der Tropen. Deering (1859–1925) war ein Farmgeräte-Magnat, dessen Name häufig die Klatschkolumnen der Zeit beherrschte. Mit dem immensen Reichtum ging sein opulenter Geschmack einher. Auf kaum weniger als 3.000 Quadratmetern erstreckt sich der Neorenaissance-Bau der Superlative; errichtet wurde er zwischen 1914 und 1922 und eingerichtet im Stil eines vorrevolutionären französischen Châteaus.

Oft verlaufen sich Besucher in Vizcayas Gärten und Zimmerfluchten. Viele driften mit Kopfhörern durch das Haus, während andere die Orchideen entlang der geometrischen Hecken und Schlossgräben bewundern.

Ein weniger häufig bestaunter Teil der Gesamtkomposition steht im Hinterhof, jenseits des glitzernden Pools und der luxuriösen Grotte. Der scheinbare Mix aus Marmordock und venezianischem Schlachtschiff ist ein schmucker Windbrecher; der sogenannte »Kahn« liegt in der Bucht hinter dem Haus. Tropische Pflanzen, Springbrunnen, Statuen und selbst ein Teehaus befanden sich einst auf dem steinernen Schiff. Heute sind die Treppen und Seiten mit Algen bewachsen; die Natur fordert das Menschenwerk allmählich zurück. Während tropischer Stürme schützt der »Kahn« das Anwesen jedoch noch immer vor heftigen Böen. In seiner Glanzzeit in den frühen 1920ern diente er auch als exklusive Party-Location.

Den 40 Meter hohen Koloss, der mit Meerjungfrauen, Tritonen und ägyptisierenden Obelisken verziert ist, gestaltete Alexander Stirling Calder, Vater des berühmten Malers des 20. Jahrhunderts. Während der Bauphase besichtigte Porträtmaler John Singer Sargent Vizcaya und hielt Calder bei der Arbeit fest. Es heißt, Deering habe die Brüste der Nixen des »Schiffs« für »zu üppig« befunden. Sargent war es, der vorschlug, sie gewissermaßen kosmetisch zu verkleinern. Das Ergebnis ist noch heute zu begutachten.

Adresse 3251 S Miami Avenue, Miami, FL 33129, Tel. +1 305.250.9133, www.vizcaya.org |
Öffnungszeiten Mi–Mo 9.30–16.30 Uhr | **Tipp** Nach einem Tag in Viscaya empfiehlt
sich ein Abend mit der Jazzband der University of Miami. Für ein äußerst erschwingliches
Erlebnis bei Coral Gables besuchen Sie die Gusman Concert Hall (1314 Miller Drive) auf
dem Campus der Universität und checken Sie den Spielplan.

97__Stiltsville

Spielhöllen auf Pfählen

Schauen Sie vom Festland aus auf die Biscayne Bay hinaus, so mag Ihnen etwas Sonderbares auffallen: Sieben Gebäude scheinen im Ozean zu treiben; ein jedes steht auf Pfählen, weshalb die Gruppe als »Pfahlstadt« bekannt ist. Ein Relikt der wechselvollen Geschichte Miamis.

Während der Prohibitionszeit florierten in der Stadt illegale Spelunken und Spielhöllen, sobald sie aufmachten, hatten die Cops sie allerdings meist schon wieder geschlossen. Ein findiger Fischer aus Key West kam auf eine brillante Idee: »Crawfish« Eddie Walker baute anderthalb Kilometer vom Ufer entfernt, wo das Glücksspiel legal war, eine Hütte auf Pfählen. Dort servierte er seine berühmte »Chilau«, eine sämige Krebssuppe, deren Zutaten »vom Meeresgrund der Bay gekratzt« waren, wie ein Kunde sich ausdrückte. Die Hütte war ein sofortiger Erfolg. Zwei von Eddies Freunden bauten ebenfalls flottierende Kaschemmen, und die Legende von Stiltsville war geboren.

Um 1960 gab es 27 Häuser auf Stelzen, darunter vor allem Bars und exklusive Clubs. Vornehme Bootsservices zogen auch die High Society an; die Fahrt über das ruhige Flachwasser war – und ist – ein Erlebnis. Nicht lange, und das Nachtleben – das aufregendste Miamis – zog in Stiltsville ein, vom Zocken bis zum Glotzen. Während Miami Beach den Playboy Club aufzufahren hatte, hielt das sündige Stelzendorf mit seinem Bikini Club dagegen – eine verankerte Yacht, die jeder Frau Gratisdrinks bot, die im Zweiteiler aufkreuzte, Deck zum Nacktbräunen inklusive. Da dem Club die Schanklizenz fehlte, wurde er 1965 dichtgemacht.

Sowohl die Schließung des Bikini Clubs als auch der Schaden, den Hurrikan Betsy 1965 anrichtete, führte zum Niedergang von Stiltsville, das tropischen wie rechtlichen Stürmen ausgesetzt war. Nicht alles jedoch ging verloren. Noch heute sind die verbliebenen Häuser intakt. Allerdings kommt man nur per Boot oder im Kajak hin; auch Bikinis tragen nur die Gespenster von einst.

Adresse Anderthalb Kilometer südlich von Cape Florida am Rand der Biscayne Bay in Miami-Dade County, FL. Stiltsville ist per Boot oder Kajak zu erreichen. Vermietung bei www.boatbound.com. Die Häuser sind nur von außen zu besichtigen. | **Tipp** Verlassene Objekte an der See sind in South Florida und auf den Keys recht häufig anzutreffen. Im Bahia Honda State Park auf den Keys (36850 Overseas Highway) befindet sich eine alte Eisenbahnbrücke an einer Ecke der Insel nahe am Strand.

98__Der südlichste Punkt

Oder so heißt es ...

Nicht immer war der berühmte Kegel am Southernmost Point so schwarz-rot-gelb, wie er auf unzähligen Fotos zu sehen ist. Bis 1983 markierte den »südlichsten Punkt« ein einfaches Holzschild, das nur zu oft gestohlen wurde. Dem setzten die »Conch-Republikaner« von Key West ein Ende und tauschten die unsolide Kennzeichnung durch einen massiven alten Kanalanschluss aus, übermalten ihn und tarnten ihn als Boje. Doch genau wie die Boje keine Boje ist, ist Southernmost Point nicht der südlichste Punkt von Key West, geschweige denn der USA.

Whitehead Spit reicht viel weiter südlich als die Boje, liegt aber unzugänglich auf dem Gelände der Marinebasis. Der tatsächlich südlichste Punk der USA ist Ballast Key, knapp 15 Kilometer westlich von Key West gelegen, aber in Privatbesitz befindlich und daher ebenfalls verriegelt. (Und wo wir schon bei Trugschlüssen sind: Die Boje liegt technisch nicht »90«, sondern 94 Meilen von Kuba entfernt.)

Für Key West ist diese Fehlbezeichnung allerdings durchaus typisch; nicht umsonst heißt es, die Insel sei »beinahe vollkommen, aber alles andere als normal«. Spaß in vollen Zügen und nicht öde Akkuratheiten sind das, was in diesem »Anything goes«-Paradies mit seiner Affinität zum Hedonismus zählt. Aus bekleidungstechnischer Sicht treffend als »Garten Eden« bezeichnet, ist von Hemingways sechszehigen Katzen (siehe S. 94) über die bizarren Streetperformer von Mallory Square (siehe S. 44) bis zu der Tatsache, dass niemand einen Nachnamen zu haben scheint, jeder aber einen Spitznamen, überall der exzentrische Zug zu spüren. Die schrulligen 15 Quadratkilometer aus Fels und Koralle versuchten sich 1982 sogar als »Conch Republic« unabhängig zu machen – augenzwinkernd, versteht sich. Betrachten Sie das Eiland einfach als Ihren coolen, Flipflops tragenden Hippie-Onkel. Mit den Fakten hat er es nicht so, aber auf seine unterhaltsamen Anekdoten ist absolut Verlass.

Adresse Südwestecke von Whitehead und South Street, Key West, FL 33040 | **Tipp** Unternehmen Sie – entweder per Boot oder Flugzeug – einen Trip in den Dry Tortugas National Park, etwa 110 Kilometer von Key West entfernt. Der Nationalpark, dessen Gewässer weitgehend unberührt von aller Zivilisation sind, stellt so etwas wie die Galapagosinseln der USA dar und ist Heimat von nahezu 300 exotischen Vogelarten.

99 _ Der Sunken Garden

Die Ruhe selbst

Menschen aus aller Welt strömen her, um diese Enklave zu bestaunen: die Fairchild Tropical Gardens an der Old Cutler Road, die gut 33 Hektar umfassen. Feigen und Banyanbäume beschirmen den größten Teil des Parks, und so schön die Gärten sind, so reizvoll sich der Regenbogen aus Orchideen und dicht bewachsenen Spalieren aufspreizt, so sehr lenkt – leider – die schiere Zahl der Menschen von der natürlichen Schönheit des Parks ab. Zeitweilig erscheint er eher wie eine der Attraktionen bei Disney World denn wie ein Hort exotischer Pflanzen. Ganz besonders gilt das, wenn der berühmte Glasskulpteur Dale Chihuly hier eine seiner Installationen anbringt. Naht Chihuly, wird der Park zum Ken-Kesey-Poster. Seine phantastischen geblasenen Glaskunstwerke sind überall zu besichtigen – sphärische Formen treiben in Teichen, violette Sporne stacheln mit Kakteen um die Wette, mitten auf einem Feld erstrahlt eine Sonne.

Fairchilds wertvollster Schatz jedoch bleibt dem oberflächlichen Betrachter verborgen. Dem eiligen Besucher mag die versteckte Oase völlig entgehen, weil er, angelockt von den dramatischen Blüten der Bromelien, den sich schlängelnden Betonpfaden folgt. Nahe dem Kreis der Cycadeen jedoch verbirgt sich eine unbeschilderte Treppe im Schatten einer Palme, gut verdeckt von üppigen Farnen. Während Sie die breiten Stufen hinabsteigen, wird es dunkler, und die Hitze verflüchtigt sich allmählich. Nach einem Abhang und ein paar weiteren Stufen öffnet sich Ihnen eine Insel der Ruhe. Ein elysischer Wasserfall ergießt sich in einen Teich, umrahmt von Korallenfelsen, Farnen und gigantischem Elefantenohr-Pfeilblatt. Eine Bank lädt zum Verweilen in der kühlen Luft ein – unbemerkt von den Massen.

Genießen Sie den Park unbedingt in vollen Zügen, die verknäulten Zwergdattelpalmen etwa oder das tiefe Rot der Feuerspornblüten. Vergessen Sie nur nicht, was im Bedarfsfall hinter dem Menschengetümmel wartet: die Ruhe selbst.

Adresse 10901 Old Cutler Road, Miami, FL 33156, Tel. +1 305.667.1651, www.fairchildgarden.org | **Öffnungszeiten** täglich 7.30 – 16.30 Uhr, Do und So bis 21 Uhr | **Tipp** Schauen Sie sich die Grünfläche bei Simpson Park Hammock (55 SW 17th Road) an, eine der letzten Erinnerungen an Brickells Vergangenheit als tropischer Hardwood Hammock. Innen steht ein moderner Pavillon des Architekten Chad Oppenheim.

100_ Sweat Records

Vinyl und vegan

Inmitten von Little Haiti prangt eine blau-grün-violette Graffiti-Collage einiger der bedeutendsten Popstars der Welt an einer Wand entlang der Second Avenue. Die behelmten Roboter von Daft Punk stieren blicklos über die Straße. Prince blickt zum Himmel auf, als tanke er Energie, um eine seiner Funk-Melodien herauszuschmettern. Der alterslose Iggy Pop starrt in Drohhaltung den Passengers des Lebens entgegen. Morrissey setzt sein sorgloses Trademark-Grinsen auf, während das Haar genauso kultig zu einer Seite weht. Das einzige Fenster ziert Notorious B.I.G., der die Krone von seinem posthumen Album »The Final Chapter« trägt, und auch David Bowie in Gestalt von Ziggy Stardust ist gerade zurück aus Suffragette City.

Draußen an der Wand sind sie unsterblich; drinnen hat das Vinyl gerade sein koffeiniertes Comeback hinter sich. Während Sie das enge Interieur betreten, begrüßt Sie eine kleine Kaffeetheke mit einem der besten Javas in Miami, gebrüht mit Bohnen von Wynwoods Panther Coffee. Ein Hipster-Betrieb durch und durch, der eine ganze Schar von veganen Food-Optionen zu bieten hat – wie etwa die »Unicorn Love Bomb«, ein Espresso-Double-Shot, getoppt mit veganen Marshmallows. Trinken Sie Ihren Tee, Kaffee oder heiße Schokolade und durchstöbern Sie die Platten in diesem Labyrinth. Die Auswahl ist erstaunlich – von einer neuwertigen »Magical Mystery Tour« der Beatles über hausgemachte Klänge Miamis wie »As Nasty As They Wanna Be« von 2 Live Crew bis zu »Salad Days« von Mac DeMarco.

Sweat Records ist auch eine von Miamis Top-Locations für Livemusik. Während der Events wird aus dem ganzen Lokal ein schmaler Korridor voll dicht gedrängter junger Leute, die nach Newport-Zigaretten riechen. Nicht zu Ohren kommen werden Ihnen Jimmy-Buffet-Tribute Bands oder Barmusik. Hier spielt Miamis Indie-Szene – einer der angesagtesten Orte für laute, verschwitzte und unvergessliche Gigs vor Stehpublikum.

Adresse 5505 NE 2nd Avenue, Miami, FL 33137, Tel. +1 786.693.9309,
www.sweatrecordsmiami.com | **Öffnungszeiten** Mo–Sa 12–22 Uhr, So 12–17 Uhr |
Tipp Schauen Sie nebenan bei Churchill's Pub (5501 NE 2nd Avenue) vorbei, wo sich das
Publikum des Sweat abends einfindet, wenn es keine Liveshow gibt. Die Bar verfügt über
Billardtische, Fernseher und genügend kaltes Bier, um ein kleines Land so lange über
Wasser zu halten wie nötig.

101 Die Tänzerin

Stripperin an der Skyline

In einer Stadt, in der Weltklassearchitektur dicht an dicht steht, gibt das hässliche InterContinental Hotel das Mauerblümchen. Tagsüber ragt der beigefarbene Monolith über das Ufer der Biscayne Bay, wird aber vom Southeast Financial Center mit seinem zackigen Dach und dem vielschichtigen Miami Tower aus Chrom locker in den Schatten gestellt. Sinkt jedoch die Sonne und leuchtet Downtown in allen Farben des Regenbogens auf, stiehlt das öde Haus nicht nur den anderen die Show – es fährt seine eigene auf.

Was dem Gebäude des Tags an ästhetischer Klasse fehlt, macht es des Nachts mit Sexappeal wett. Lasziv tanzt die Silhouette einer vollbusigen und 18 Stockwerke hohen Dame vor dem Hotel, wirft ihr Haar kokett in den Nacken und zieht die Blicke auf sich. Der Hintergrund wechselt von Gelb nach Grün nach Blau, während sie sich vornüberbeugt, Brüste und Hüften wippen lässt, herumwirbelt und auch sonst nichts der Phantasie überlässt. Sie ist die Stripperin an der Skyline. Man kann sie nur lieben oder hassen.

Das kontroverse Tanzmädel schlug 2012 in der Szene auf, während einer Renovierung des Hotels für 30 Millionen Dollar. Die Mühen, die in das Projekt flossen, haben zumindest dafür gesorgt, dass es sich lohnt, das grelle Spektakel eines näheren Blickes zu würdigen. Mehr als 90.000 Pixel und 300.000 LEDs umfasst die »digitale Leinwand«. Eingeweiht wurde sie von niemand Geringerem als Jeremy Piven von der TV-Serie »Entourage«, dessen Rolle »Ari Gold« in vielerlei Hinsicht Miami selbst personifiziert: oberflächlich auf den ersten Blick, doch bei genauerem Hinsehen von unterschätzter Tiefgründigkeit.

Jedes Jahr hostet das Hotel einen Wettbewerb, aus dem die neue Fassadentänzerin hervorgeht; Voraussetzung sind Talent, Leidenschaft und Engagement für Miami. Obwohl Männer offiziell zum Vortanzen zugelassen sind, waren die Gewinner bislang alle grazile Frauen. Wahrscheinlich Zufall.

Adresse 100 Chopin Plaza, Miami, FL 33131, Tel. +1 305.577.1000, www.icmiami.com | **Öffnungszeiten** täglich von Sonnenuntergang bis -aufgang | **Tipp** Im Bayfront Park, der neben dem InterContinental liegt, spazieren zu gehen hilft, sich die Zeit bis zum Sonnenuntergang auf lohnende Weise zu vertreiben. Dies ist der Hauptveranstaltungsort des Ultra Music Festivals, eines der größten EDM- und House-Events der Welt, das im März stattfindet.

102 Das Theater of the Sea

Atlantik zum Anfassen

Gegründet wurde das »Theater of the Sea« 1946 von P. F. McKenney, einem Touristen aus Atlanta, den die Küstenschönheit Islamoradas in Ehrfurcht versetzte. Nachdem er über einen gefluteten Steinbruch voller bunter Papageifische gestolpert war, beschloss er, das Stück Land zu erwerben, um dort einen »Zirkus der Meerestiere« aufzumachen. Gesagt, getan. Bis heute betreibt die Familie die prächtige Menagerie.

Elefantenohr-Pfeilblatt und Bougainvilleen säumen die gepflasterten Gehwege; gelegentlich plätschert seitlich ein Wasserfall. Dann dünnt die Flora aus, und Teiche rücken ins Blickfeld. In einigen von ihnen tummelt sich das farbenprächtigste Meeresleben der Erde. Der neongrün-magentafarbene Papageifisch, der McKenney dazu verführte, seinen Traum zu verwirklichen, schwimmt durch die Salzwasserteiche, unter Brücken hindurch und kommt sogar gelegentlich an die Oberfläche. Delphine, Meeresschildkröten, Ammenhaie und Robben gleiten kaum einen Meter von Ihnen entfernt in Wasser, das vom Atlantik hereingepumpt wird.

Riesenbecken mit Seekühen oder Orcas oder Stadien für ein Massenpublikum werden Sie hier nicht finden. Anders als moderne Aquarien ist das Meeres-Theater ein kleines, unabhängiges Unternehmen, das den Besuchern viel intimere Begegnungen und Interaktion mit den Tieren ermöglicht. Mit den Delphinen können Sie sogar schwimmen! Was diesen Zoo der Meeressäuger jedoch in Wahrheit unterscheidet, ist das Geschick, mit dem die Lebensbedingungen des benachbarten Ozeans nachgeahmt sind. Daher hat die Anlage von der Regierung auch die Lizenz zur Haltung gefährdeter Tierarten erhalten – wie Schildkröten, Raubfische und Krokodile. Manche marinen Tiere werden hier wieder hochgepäppelt und in die Freiheit entlassen. Andere, die nicht in ihr natürliches Habitat zurückkehren können, werden artgerecht und nach einem Programm zur »Verhaltensanreicherung« gehalten, um ihre physische Aktivität zu steigern und soziale Interaktion zu fördern.

Adresse 84721 Overseas Highway, Islamorada, FL 33036, Tel. +1 305.664.2431, www.theaterofthesea.com | **Öffnungszeiten** täglich 9.30 – 15.30 Uhr | **Tipp** Schnorcheln oder tauchen Sie in die natürlichen Lebensräume vieler Mitspieler des Theater of the Sea. Weniger als 500 Meter den Overseas Highway hinunter bietet das Islamorada Dive Center (84001 Overseas Highway) Unterwassertouren an und gibt Ihnen die Möglichkeit, vorerwähnten Papageifisch und Meeresschildkröten in Freiheit zu sehen.

103__ Die Treppe nach Nirgendwo

Der Catwalk im Fontainebleau

Seit über 60 Jahren setzt Miamis Fontainebleau Hotel an der Strandpromenade von Miami Beach in South Florida Maßstäbe, was Luxus angeht. Entworfen wurde es 1954 von Miamis Erzherzog der Architektur, Morris Lapidus. Als Kind den Pogromen im nachzaristischen Russland entkommen, versuchte Lapidus es mit dem amerikanischen Traum. Die Erfolgsstory gelang. Während der 1950er riss er in Miami Beach von Lincoln Road bis Temple Menorah im Alleingang ein Bauprojekt nach dem anderen an sich.

Obwohl das Fontainebleau heute als Grande Dame von Miami Beach gilt, waren damalige Kritiker von dem Neubau keineswegs amüsiert. Von »Internatsbarock« bis »Superschund«, von »höherem Kitsch« bis zu »Porno der Baukunst« reichten die bissigen Kommentare. Das Haus ist so opulent wie riesig: Über 1.500 Zimmer beherbergt das Bauwerk der Superlative in glitzerndem Weiß, mehr als zehn Restaurants und Bars und ein 3.700 Quadratmeter großes Spa. Seine Fassade im Stil der Miami-Moderne ist unverwechselbar, das Innenleben jedoch hauchte der Legende erst Leben ein.

Böden aus poliertem weißen Marmor, die von Herrenfliegen aus schwarzem Marmor durchsetzt sind, und dorische Säulen bereiten die große Bühne der Chateau Lobby, von deren Decke Lüster in Form umgedrehter Hochzeitstorten herabhängen. Das Herzstück jedoch ist eine Treppe, die nach nirgendwo führt. Einst gelangte man über sie zur Garderobe; sie war als eine Art Catwalk konzipiert, auf dem man sich ausgiebig sehen lassen konnte, während man modisch vollendet die Stufen auf und ab schritt und sich ablichten ließ. Je weniger Wert die Gesellschaft jedoch auf Formales legte, desto mehr schwand das Interesse daran, in diesem Klima überflüssige Pelze zu inszenieren. Die Garderobe wich, die Treppe jedoch blieb – als Erinnerung daran, wie man in Miami einst zeigte, was man hatte.

Adresse 4441 Collins Avenue, Miami Beach, FL 33140, Tel. +1 305.538.2000,
www.fontainebleau.com **| Tipp** Lapidus' anderes berühmtes Hotel, das Eden Roc
(4525 Collins Avenue), grenzt an das Fontainebleau. Schauen Sie sich die kleinere,
jüngere und etwas dezentere Schwester des Fontainebleau an!

104_Der Venetian Pool

Der Smaragd von Coral Gables

Bevor in South Florida geschlossene Wohnanlagen Mode wurden, gab es bereits Coral Gables, einen minutiös geplanten, gehegten und gepflegten Stadtteil Miamis, von vielen auch »City Beautiful« genannt. Er gilt als Symbol für die teure Stadtplanung, die das wohlhabende Dade County sich leisten kann. Die Straßenschilder bestehen aus schicken Betonwegweisern von weniger als 30 Zentimetern Höhe; jede Straße wird aufs Schmuckste von Banyanbäumen und Feigen beschirmt, die beide Seiten säumen, und die Häuser bilden ein nobles Patchwork – keines gleicht dem anderen. Natürlich musste da auch etwas anderes her als ein gewöhnliches Schwimmbad.

1921 gestaltete der Gründer von Coral Gables, George Merrick, gemeinsam mit seinem Onkel, dem Künstler Denman Fink, und dem Architekten Phineas Paist einen aufgegebenen Korallensteinbruch um. Das Ergebnis war der »venezianische Pool«, das einzige allgemein zugängliche Schwimmbad der Vereinigten Staaten, das im Nationalregister der historischen Stätten aufgelistet ist. 1924 als »Venetian Casino« eröffnet, fanden im leeren Becken regelmäßig Musikevents wie Orchesterabende statt, auch prominente Redner sprachen hier.

Rote Eisentore umrahmen dieses Wahrzeichen von einem Schwimmpalast, der mit Korallenbrücken, Unterwassertunneln, Türmen mit echten Ziegeldächern und Wasserfällen prunkt. Üppige Farne wachsen aus Felsspalten und bastige Palmen aus den vielen umhertreibenden Inseln; Sichtschutz bieten Pfauensträucher und Bougainvilleen. Die Badegäste tauchen ab und in einem der für den Pool typischen »Grottos« wieder auf. Neben dem üppigen neomediterranen Design ist auch die Hydromechanik eindrucksvoll: täglich werden die drei Millionen Liter Quellwasser abgelassen, natürlich gefiltert und aus dem Biscayne Aquifer nachgefüllt. Bei so viel Opulenz für jedermann kein Wunder: Die Anlage zählt zu den begehrtesten Plätzen an der öffentlichen Sonne.

Adresse 2701 De Soto Boulevard, Coral Gables, FL 33134, Tel. +1 305.460.5306, www.coralgables.com | **Öffnungszeiten** März–Mai Di–So; Mai–Sept. täglich; genaue Öffnungszeiten und Preise auf der Website | **Tipp** Besuchen Sie das berühmte Biltmore Hotel (1200 Anastasia Avenue). Das Gebäude im spanischen Kolonialstil soll vom Geist Thomas Walshs bespukt werden, eines New Yorker Mafioso, der während eines Aufenthalts hier umgebracht wurde.

105 __ Das Versailles

Der Königsmacher

Von Weitem sieht man das beigefarbene Schloss in der Calle Ocho vor lauter dicht gestellten Autos kaum. Ein riesiges weißes Schild verkündet von oben herab: »Versailles Restaurant: Cuban Cuisine«, und fordert vorab Respekt vor dem Chrom-Interieur ein, das der Gäste harrt. Auf weißen Kacheln und unter einer Spiegeldecke füllen leuchtend grüne, vinylgepolsterte Dinnertische und -stühle das Etablissement zu Hunderten. Vielen gilt das Versailles jedoch als mehr als nur ein großartiges Restaurant; ebenso ist es ein Must-Stop für alle Politiker auf Stimmenfang, deren Kampagne die Kubaner erreichen soll.

1971 öffnete das Haus die Pforten und wurde zum inoffiziellen Treffpunkt von Little Havanas Exilkubanern, die hier diverse Pläne ausklügeln, wie sich Fidel Castro stürzen ließe. In weniger als zwei Jahrzehnten entwickelte sich das Restaurant von einer simplen Gaststätte zu einem nationalen Zünglein an der Waage. Während die kubanische Bevölkerung wuchs, mehrte sich auch die Macht ihrer Stimme. Politische Kandidaten brauchten nun diese demografische Gruppe, um gewählt zu werden, vor allem in Florida. Über die Jahre ließ sich so manches Schwergewicht wie etwa Bill Clinton oder Jeb Bush blicken, um Hände zu schütteln und eine Schüssel »arroz con pollo« zu verputzen.

Während hier tagsüber Königsmacher abhängen, lockert das Versailles gegen Abend Krawatte und Gürtel. Die Szene wechselt vom Polit-Inkubator zum schamlosen kubanischen Diner, der einige der leckersten Late-Night-Specials für den Post-Mojito-Heißhunger auf den Tisch bringt. Die South-Beach-Diät bleibt in South Beach, während angeschwipste Gäste nach einer langen Cocktail-und-Salsa-Nacht Schinken-Käse-Kroketten oder herzhafte »Medianoche«-Sandwiches futtern, als hätten sie Tage nichts zu essen bekommen. Für diejenigen, die noch immer um ihr Gleichgewicht ringen, sollte ein »Cortadito« (kubanischer Espresso) den Job tun.

Adresse 3501 SW 8th Street, Miami, FL 33135, Tel. +1 305.444.0240, www.versaillesrestaurant.com | **Öffnungszeiten** Mo–Do 8–1 Uhr, Fr 8–2.30 Uhr, Sa 8–3.30 Uhr, So 9–1 Uhr | **Tipp** Wer in South Beach nach kubanischem Essen sucht: Bei Puerto Sagua (700 Collins Avenue) werden Sie fündig. Hier geht es lässiger zu als im Versailles; kleiden Sie sich legerer und genießen Sie einen Elena Ruz oder zwei.

106__Der Virginia Key Beach Park

Der lange Arm des Jim Crow

In den ersten 70 Jahren seiner Existenz war Miami keineswegs der Schmelztiegel der Kulturen, den die Stadt heute darstellt. Gern wird über dem lebhaften Mix der Kulturen vergessen, dass es einst zum alten Süden gehörte. Wie Birmingham, Atlanta und Jackson brachte es die berüchtigten Jim-Crow-Gesetze zur Anwendung. Demnach mussten Minderheiten separate Bäder, Restaurants, Trinkwasserquellen, Kinos aufsuchen – sogar Strände.

Für den Großteil des 20. Jahrhunderts unterlagen Miamis Strände der Rassentrennung. Der erste, den zu nutzen man Farbigen erlaubte, war 1918 Fisher Island. Der afroamerikanische Millionär D. A. Dorsey kaufte das Eiland, damit seine Leute ihren eigenen Strand bekamen. Er stammte aus Georgia und hatte damit ein Vermögen gemacht, für schwarze Eisenbahnarbeiter Unterkünfte bereitzustellen. Doch kurz nachdem er Fisher Island erworben hatte, stieg die Grundsteuer, und Dorsey stieß das Grundstück nur ein Jahr später wieder ab. Es bedurfte weiterer 25 Jahre, bis Miami Beach einen offiziellen Badestrand für Afroamerikaner einrichtete.

Am 1. August 1945 wurde Bear Cut bei Virginia Key Beach »zum ausschließlichen Gebrauch durch Neger« bestimmt. Miamis rapide Urbanisierung hatte noch nicht eingesetzt; Virginia Key war noch immer vollständig vom Festland getrennt, zugänglich nur per Boot. Ortsansässige schwarze Fischer paddelten die Strandgänger auf die Insel und wieder zurück, doch wenn jemand das letzte Boot verpasste, musste er die Nacht über bleiben und auf das erste Boot am Morgen warten. 1947 schließlich wurde Virginia Key über den neu gebauten Rickenbacker Causeway dem Festland angeschlossen.

Wie im restlichen Süden folgte man in den frühen 1960ern auch hier der Civil-Rights-Bewegung; die Insel wurde allmählich integriert. Heute säumt auch seine Strände – endlich – buntes Volk.

Adresse 4020 Virginia Beach Drive, Miami, FL 33149, Tel. +1 305.960.4600, www.miamigov.com/parks/virginiakey.html | **Öffnungszeiten** täglich 7 Uhr – Sonnenuntergang | **Tipp** Nehmen Sie einen Drink in einer der »rarsten« Bars Miamis, dem Wetlab (4600 Rickenbacker Causeway) in Key Biscayne – geöffnet nur mittwochs und donnerstags von 17 bis 21 Uhr und freitags von 16.30 Uhr bis Mitternacht. Wetlab liegt direkt am Strand und ist ein Hangout vieler Studenten der University of Miami.

107__Der Walk of Fame an der Calle Ocho

Die Stars von Little Havana

Wer in der Calle Ocho in Little Havana herumspaziert – dem meistgefeierten Straßenzug im meistverkulteten lateinamerikanisch geprägten Viertel der USA –, der riskiere doch einmal einen Blick nach unten: Entdecken werden Sie eine Reihe von in den Zement eingebetteten Sternen, die an jene allbekannten auf dem Hollywood Boulevard erinnern. Als Zeugnis des Einflusses der kubanischen und der Latino-Kultur auf Miami will dieser Walk of Fame zugleich eine Hommage an einige der prominentesten Latino-Persönlichkeiten der modernen Gesellschaft sein und sicherstellen, dass sie niemals vergessen werden.

Um die Sterne, die diese Avenue seit bald 30 Jahren zieren, hat es einst erhitzte Debatten gegeben. Der Frage, wem die Auszeichnung zukommen sollte, wurde anfangs akribisch nachgegangen. Nur Kuba-Stämmigen? Nur solchen mit direkter Verbindung zu South Florida? Ein Komitee wurde gegründet, und nach einer gewissen Zeit wurden die Auseinandersetzungen weniger. Heute kann jeder bedeutende Latino vorgeschlagen werden.

Superstar und inoffizielle Botschafterin Miamis, Gloria Estefan, bekam 1989 den ersten Stern. Roberto Duran, der berüchtigte Boxer aus Panama, erhielt ebenfalls einen Stern. 1988 war Celia Cruz, die Queen des Salsa, dran. Obwohl sie 2003 verstarb, ist ihr Vermächtnis in Little Havana noch sehr präsent; ihr Konterfei und ihre Songtexte zieren viele Mauern und Hauswände.

Die Latino- und besonders die kubanische Kultur berauscht in der Calle Ocho auch ganz irdisch die Sinne. Probieren Sie die pikanten Empanadas, erschnuppern Sie den Zigarrenduft, der aus vielen Fabriken herüberweht, lauschen Sie den Batá-Trommeln, spüren Sie die Hitze und Schwüle in der Luft und schauen Sie nach den Sternen zu Ihren Füßen. Für das Viertel, in dem sich in den letzten Jahrzehnten viel verändert hat, ist dieser Walk eine Stolzfrage.

Adresse an der Südseite der Calle Ocho, von SW 17th Avenue bis SW 13th Avenue, Miami, FL 33135 | **Tipp** Bevor Sie Ihren Star Walk beginnen, versorgen Sie sich doch am Fenster von Exquisito Restaurant (1510 SW 8th Street) mit einer kubanischen Köstlichkeit. 75 Cent für einen Cortadito, einen süßen kubanischen Espresso, sind wohl der beste Deal weit und breit.

108_ Wallcast

Zauberflöte und Streichervision

Die einzige Vollzeit-Musikhochschule der USA ist eine bedeutende Talentschmiede kommender Virtuosen, und sehen kann man sie auch – draußen, im futuristischen SoundScape des New World Center. Bringen Sie Decke, Käse und Wein mit und verbringen Sie einen Abend im Herzen von Miami Beach, während die Live-Performance einer Weltklasse-Symphonie auf die 1.100 Quadratmeter umfassende Außenwand des Gebäudes projiziert wird.

Die Technologie verbirgt sich clever unter netzähnlichen modernen Skulpturen; 160 Lautsprecher umgeben das Publikum und übermitteln über Innenmikrofone das zarteste Zittern einer Pikkoloflöte genauso wie das subtilste Tremolo eines Cellos. So erlesen die Hardware ist, so überragend kommt die Akustik aus dem eigentlichen Orchestersaal rüber.

Für einen guten Blick sollten Sie früh da sein. Von vielen Punkten aus blockieren Palmwedel die Sicht, daher sind die Plätze in der ersten Reihe schnell weg. Sobald Sie sich Ihren Horchposten gesichert haben, ist es Zeit, die Erfrischungen auszupacken. Ähnlich der Cocktailstunde in der Lobby findet vor dem Konzert auch hier eine informelle gesellige Aufwärmphase statt – allerdings mit Picknick, Kindern und Hunden. Sobald sich der Himmel verdunkelt, flackert die Beleuchtung auf, und das Wallcast-Konzert beginnt.

Der renommierte Dirigent Michael Tilson Thomas begrüßt sowohl das Publikum im Saal wie auch die Lauschenden draußen; die Atmosphäre wird persönlich. Sobald die Musik anhebt, schwenkt die Kamera durchs Orchester und überträgt die jeweiligen Highlights der Performance für das Freiluftpublikum nach draußen. Bleiben Sie, solange Sie möchten, genießen Sie die Freiheit, wann immer es Ihnen beliebt, zum nächsten Club weiterziehen zu können, ohne jemanden zu stören. Zu je einem Drittel Drive-in-Kino, Grateful-Dead-Konzert und ländliche Idylle in Tanglewood, fällt eine Wallcast-Show trotz großer Oper einmalig ungezwungen aus. Gratis!

Adresse 500 17th Street, Miami Beach, FL 33139, Tel. +1 305.673.3330, www.nws.edu/wallcasts | **Öffnungszeiten** Okt.–April, Programm auf der Website | **Tipp** Im Herzen von Miami Beach gelegen, ist das New World Center umgeben von Restaurants. Versorgen Sie sich vor der Vorstellung in einer Gaststätte Ihrer Wahl mit dem Nötigsten. Im Rosinella etwa (525 Lincoln Road) bekommen Sie eine Flasche Wein und Antipasti zum Mitnehmen.

109_ Wat Buddharangsi

Dharma zum Durchatmen

1982 sandte Thailands Botschaft den buddhistischen Mönch Ajarn Surachett in die Staaten, um ein Refugium des Friedens und der Meditation für Miamis kleine buddhistische Thai-Community einzurichten. Hierzu wurden 1986 in der Nähe einer Mennonitensiedlung zwei Hektar als Baugrund erworben. 2002, nach ganzen Stürmen von Widrigkeiten wie unzureichende Finanzierung, Planänderungen sowie obendrein Hurrikan Andrew, gelang es Surachett schließlich, Wat Buddharangsi, den Theravada-Tempel von Dade County, zu vollenden.

Nur 45 Minuten von Downtown Miami entfernt, bietet dieser spirituelle Ort Erholung von urbanem Stress. Nicht nur in der ländlich geprägten Stadt Homestead ist der Tempel ein kompletter ästhetischer Ausreißer, sondern er stellt auch den ersten seiner Art in den gesamten USA dar. Mehr Bangkok als South Beach, strahlt die weiße Fassade voll traditioneller Goldverzierungen, die aus Thailand eingeschifft wurden. Barfüßige Mönche flanieren in leuchtend orangefarbenen Roben umher, bis der Gong ertönt und es Zeit ist, zu meditieren oder im großen Saal an Lehrstunden teilzunehmen. Dort finden Sie das Herzstück der Anlage, eine sieben Meter große, vier Tonnen schwere Statue von Phrabuddhadhammachinaraj, dem Buddha von Wat Buddharangsi, seit 1997 in Miami. Zwischen den Goldstatuen und brennenden Kerzen sind Besucher eingeladen, sich auf dem orangefarbenen Teppich niederzulassen, die Schuhe auszuziehen und innere Einkehr zu halten.

Der Tempel steht sowohl Besuchern offen, die sich mit den Mönchen unterhalten möchten, als auch solchen, die nur in Ruhe durchatmen wollen. Die kostenlosen Meditationskurse werden sonntags von 15 bis 17 Uhr abgehalten. An buddhistischen Feiertagen finden den acht buddhistischen Grundsätzen gewidmete Wochenendklausuren statt. Eine einmalige Gelegenheit, einfach nur zu sein, statt atemlos Wünschen nachzujagen – selbst wenn es nur für ein, zwei Tage ist.

Adresse 15200 SW 240th Street, Homestead, FL 33032, Tel. +1 305.245.2702, www.thaitemplemiami.com | **Öffnungszeiten** Mo – Fr 7 – 17 Uhr | **Tipp** Im Drolma Kadampa Buddhist Center (1273 Coral Way, Miami) Nähe Downtown gibt es geleitete Meditationen und Meditationskurse. Lehrer Gen Kelsang Norbu wurde 2006 von seinem tibetischen Meister Geshe Kelsang Gyatso Rinpoche zum Mönch ernannt.

110__Das Wolfsonian

Nichts ist unmöglich

Inmitten des historischen Art Déco Districts stoßen Sie auf einen sechsstöckigen weißen Würfel im mediterranen Stil; mit seinen Goldverzierungen ähnelt er einem extravaganten Marshmallow. Das Museum von Mitchell Wolfson junior, das seine Karriere als Lagerhalle begann, ist Miamis exzentrischste Sammlung von Schnickschnack und Meisterwerken gleichermaßen, in der von der deutschen Vorkriegs-Kaffeemaschine bis zum Selbstbildnis des spanischen Malers Federico Castellon alles Mögliche und Unmögliche ausgestellt ist. Etage für Etage eine Gesamtschau der modernen Gesellschaft.

Den Großteil seiner Existenz brachte das heutige Wolfsonian als Washington Storage Company zu, ein Ort, an dem die Reichen von Miami Beach während der Sommermonate, wenn sie in den Norden zurückkehrten, ihre Wertsachen einlagerten. Bald nahmen unzählige rare Stücke über 90 Prozent von Wolfsons Räumen ein. Schließlich kaufte er das Gebäude und verwandelte es in einen gigantischen Showroom für seine Sammlung.

Ein Brunnen grüßt Besucher am Ende des Eingangs; das Wasser quillt unterhalb eines prächtigen Fenstergitters aus der Zeit der Großen Depression hervor. Bei viereinhalb Metern Höhe prunkt er mit goldenen Blumen und grün bemalten Blättern, die aus über 100 Terrakottafliesen zusammengesetzt sind. Links des Brunnens fungiert ein herrschaftlicher Aufzug mit antiker Etagenanzeige als Ihr Chauffeur durch die Galerien der oberen Stockwerke.

Durch das ganze Museum ziehen sich Darstellungen der Technologieentwicklung in der Moderne, aber die Exponate wechseln. An einem Wochenende begegnen Ihnen Schreibmaschinen aus dem frühen 20. Jahrhundert, Registrierkassen, Radios und Fernseher im vierten Stock. Kommen Sie einen Tag später wieder – und Sie sehen politische Propagandaposter aus dem Afghanistan der 1970er. Unterm Strich ganz wie die Stadt, die das Haus repräsentiert: eklektisch und stetig im Wandel.

Adresse 1001 Washington Avenue, Miami Beach, FL 33139, Tel. +1 305.531.1001, www.wolfsonian.org | **Öffnungszeiten** Sa–Di 10–18 Uhr, Do–Fr 10–21 Uhr | **Tipp** Highlighten Sie Ihren Tag in diesem eklektischen Museum mit ebenso eklektischen kolumbianischen Speisen im La Perrada de Edgar (6976 Collins Avenue). Bestellen Sie einen der verrückten Hotdogs wie etwa den »Edgar Special« mit Mozzarella, diversen Früchten und geschlagener Sahne.

111 Das World Erotic Art Museum

Samenbank bis Kamasutra

Zwei Blocks landeinwärts von Miamis berühmtem Art Déco District steht ein Museum, das wie kein anderes jenen Mangel an Hemmungen verkörpert, der Miami so unübersehbar auszeichnet. Freuen Sie sich nicht zu früh: Hier wird keine Pornografie gezeigt; die Exponate reichen von altägyptischen Fruchtbarkeitsamuletten bis zur phallischen Mordwaffe aus Kubricks »Uhrwerk Orange«; entsprechend seriös werden sie zur Schau gestellt. Gegründet würde das World Erotic Art Museum von Naomi Wilzig. Die Frau von Siggi Wilzig, einem Holocaustüberlebenden und Banker, sammelte von 1983 bis zu ihrem Tod 2015 Erotika. Ihren Anfang nahm die lustvolle Entwicklung, als ihr Sohn sie um einen »sexy Gesprächsgegenstand« für seine Junggesellenbude bat. Aus einem wurden über 4.000.

Der Eingang des Museums liegt auf Straßenniveau, man muss jedoch den Aufzug in den ersten Stock nehmen, um den Ausstellungsraum zu erreichen. Eine »Samenbank« nach Art eines Sparschweins ist neben der Rezeption käuflich zu erwerben. In der Hauptgalerie finden Sie Werke von Disneyfiguren, die sich in lasziven Freuden ergehen, bis hin zum detaillierten Gipsabguss einer Vulva. In der homoerotischen Abteilung begrüßt Sie eine goldene Penis-Skulptur von stolzen zweieinhalb Metern Höhe, die auch als Sitzgelegenheit dient (wohlgemerkt). In der nächsten Galerie besticht ein »Bett mit Kamasutra-Gravuren« samt vier Pfosten in Phallusform und 138 sexuell expliziten Stellungsschnitzereien. Auch eine Vielzahl weiblicher Genitalien entblättert sich den Blicken. Ein Relief stellt Perlmutt-Chinesinnen des 16. Jahrhunderts dar, die nackt auf schwarzem Onyx baden. Daneben vollführt eine lebensgroße Kupferstatue, die mit Strass bedeckt ist, eine Art Handstand. Anliegen des Museums ist es, die Besucher zu animieren, ihre Ur-Triebe neu zu überdenken. Nicht zuletzt für bessere Umgangsformen.

Adresse 1205 Washington Avenue, Miami Beach, FL 33139, Tel. +1 305.532.9336, www.weam.com | **Öffnungszeiten** Mo – Do 11 – 22 Uhr, Fr – So 11 – 0 Uhr | **Tipp** Die Miami Beach Cinematheque (130 Washington Avenue) liegt nur einen halben Block südlich des Museums. Dort werden im ehemaligen Rathaus internationale und Indie-Filme gezeigt.

4

73
19
109
53 24
Homestead
36
89 87

2

50
1 Key Largo
91
Tavernier
35
11
102
Upper
Matecumbe
45 34 Key
39
86
6

Long Key

Duck Key
72

Marathon

1

National
Key Deer
Refuge

9 Bahia Honda Key

74 16

81

Florida Keys

*Everglades
National
Park*

46

N

0   20 km

18 43 51
64 88 98
Key West

Dorothee Fleischmann,
Carolina Kalvelage
**111 Orte in Budapest, die
man gesehen haben muss**
ISBN 978-3-95451-744-2

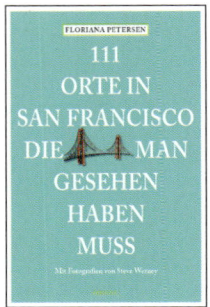

Floriana Petersen
**111 Orte in San Francisco,
die man gesehen
haben muss**
ISBN 978-3-95451-750-3

Andrea Livnat,
Angelika Baumgartner
**111 Orte in Tel Aviv, die
man gesehen haben muss**
ISBN 978-3-95451-703-9

Oliver Schröter, Falk Saalbach
**111 Orte in Zürich, die man
gesehen haben muss**
ISBN 978-3-95451-538-7

Cornelia Lohs
**111 Orte in Bern, die man
gesehen haben muss**
ISBN 978-3-95451-669-8

Giulia Castelli Gattinara,
Mario Verin
**111 Orte in Mailand, die
man gesehen haben muss**
ISBN 978-3-95451-617-9

Cornelia Ziegler,
Chris Sindermann
**111 Orte auf Kreta, die
man gesehen haben muss**
ISBN 978-3-95451-540-0

Dorothee Fleischmann,
Carolina Kalvelage
**111 Orte an der Costa Brava,
die man gesehen haben muss**
ISBN 978-3-95451-561-5

Jo-Anne Elikann
**111 Orte in New York, die
man gesehen haben muss**
ISBN 978-3-95451-512-7

Ralf Nestmeyer
**111 Orte an der Côte d'Azur,
die man gesehen haben
muss**
ISBN 978-3-95451-563-9

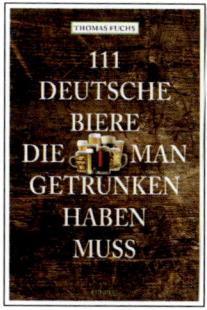

Thomas Fuchs
**111 deutsche Biere, die man
getrunken haben muss**
ISBN 978-3-95451-414-4

Rüdiger Liedtke,
Laszlo Trankovits
**111 Orte in Kapstadt, die
man gesehen haben muss**
ISBN 978-3-95451-456-4

Gerd Wolfgang Sievers
**111 Orte in Venedig, die
man gesehen haben muss**
ISBN 978-3-95451-352-9

Eckhard Heck
**111 Orte in Maastricht, die
man gesehen haben muss**
ISBN 978-3-95451-368-0

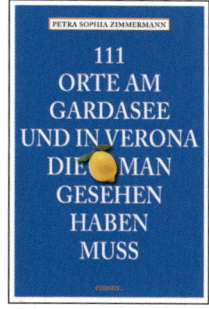

Petra Sophia Zimmermann
**111 Orte am Gardasee und
in Verona, die man gesehen
haben muss**
ISBN 978-3-95451-344-4

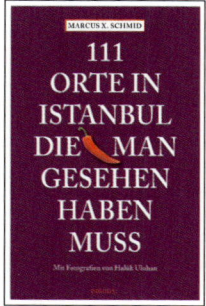

Marcus X. Schmid,
Halûk Uluhan
**111 Orte in Istanbul, die
man gesehen haben muss**
ISBN 978-3-95451-333-8

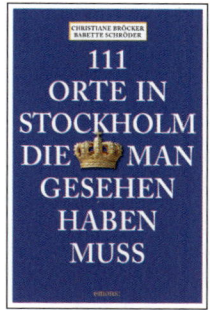

Christiane Bröcker,
Babette Schröder
**111 Orte in Stockholm, die
man gesehen haben muss**
ISBN 978-3-95451-203-4

Oliver Schröter
**111 Orte für echte Männer,
die man gesehen haben
muss**
ISBN 978-3-95451-228-7

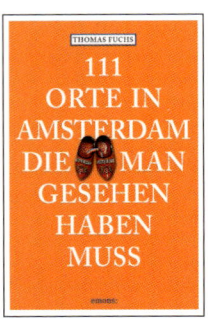

Thomas Fuchs
**111 Orte in Amsterdam, die
man gesehen haben muss**
ISBN 978-3-95451-209-6

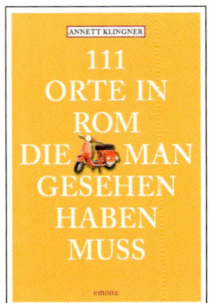

Annett Klingner
**111 Orte in Rom, die man
gesehen haben muss**
ISBN 978-3-95451-219-5

John Sykes, Birgit Weber
**111 Orte in London, die
man gesehen haben muss**
ISBN 978-3-95451-117-4

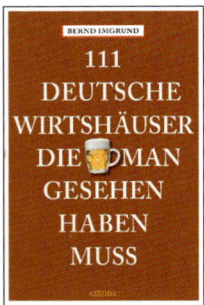

Bernd Imgrund
**111 deutsche Wirtshäuser,
die man gesehen haben
muss**
ISBN 978-3-95451-080-1

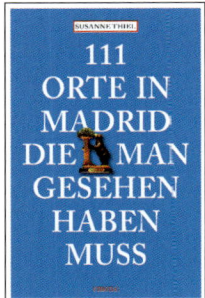

Susanne Thiel
**111 Orte in Madrid, die
man gesehen haben muss**
ISBN 978-3-95451-118-1

Dirk Engelhardt
**111 Orte in Barcelona, die
man gesehen haben muss**
ISBN 978-3-95451-066-5

Stefan Spath
**111 Orte in Salzburg, die
man gesehen haben muss**
ISBN 978-3-95451-114-3

Ralf Nestmeyer
**111 Orte in der Provence,
die man gesehen haben
muss**
ISBN 978-3-95451-094-8

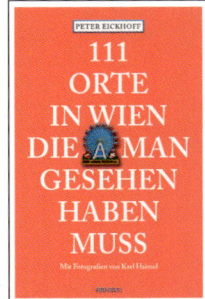

Peter Eickhoff, Karl Haimel
**111 Orte in Wien, die man
gesehen haben muss**
ISBN 978-3-89705-969-6

Rike Wolf
111 Orte in Hamburg, die man gesehen haben muss
ISBN 978-3-89705-916-0

Rüdiger Liedtke
111 Orte auf Mallorca, die man gesehen haben muss
ISBN 978-3-89705-975-7

Lucia Jay von Seldeneck, Verena Eidel, Carolin Huder
111 Orte in Berlin, die man gesehen haben muss
ISBN 978-3-89705-853-8

Rüdiger Liedtke
111 Orte in München, die man gesehen haben muss
ISBN 978-3-89705-892-7

Lucia Jay von Seldeneck, Verena Eidel, Carolin Huder
111 Orte in Berlin, die man gesehen haben muss
Band 2
ISBN 978-3-95451-207-2

Bernd Imgrund, Britta Schmitz
111 Kölner Orte, die man gesehen haben muss
Band 1
ISBN 978-3-89705-618-3

Bernd Imgrund, Britta Schmitz
111 Kölner Orte, die man gesehen haben muss
Band 2
ISBN 978-3-89705-695-4

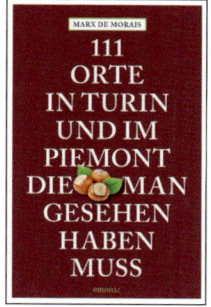

Marx de Morais
111 Orte in Turin und im Piemont, die man gesehen haben muss
ISBN 978-3-95451-736-7

Mercedes Korzeniowski-Kneule
111 Orte in Basel, die man gesehen haben muss
ISBN 978-3-95451-702-2

Der Autor

Gordon Streisand ist Miamianer der drit-
ten Generation, dessen Familie Miami
und die Keys ihre Heimat nennt, seit das
nun zwergenhaft erscheinende Gerichts-
gebäude das höchste der Stadt gewesen ist. Gordon studierte an der
University of Florida in Gainesville, arbeitet als Sportjournalist und
Kolumnist und erzählt Besuchern aller Couleur und Altersklassen
gern von den weniger bekannten Wundern seiner Heimatstadt.